KB265581

자기 경영 서바이벌

김상헌 편저

자기 경영 서바이벌

2000년 7월 10일 1판 1쇄 인쇄
2000년 7월 20일 1판 1쇄 발행

지은이／김상헌, 펴낸이／김영길
펴낸곳／도서출판 선영사
본사／부산시 중구 중앙동 4가 37-11, 전화／(051)247-8806
서울사무소／서울시 마포구 서교동 480-1
전화／(02)338-8231, (02)338-8232, 팩시밀리／(02)338-8233
등록／1983년 6월29일 제 카1-51호
ⓒ Korea Sun-Young Publishing Co., 2000
잘못된 책은 바꾸어 드립니다.

ISBN 89-7558-326-0   13300

머리말

　날이 갈수록 우리는 과연 전투적이라고 할 만큼 치열한 경쟁 사회에 살고 있다. 특히 세기말을 뛰어넘어 새 천 년의 문턱까지 훌쩍 넘고부터는 정보를 비롯한 모든 분야에서 상상을 초월하리만큼 가속도가 붙어 변화를 겪게 하고, 또한 변화를 요구하고 있다.

　이러한 숨가쁜 현실 속에서 우리는 생존을 위해 어떻게 대처해야만 할까? 사람에 따라 다르겠지만, 가장 보편성을 띠면서 객관성 있는 해답은 자기 자신을 바로 보고, 모자람을 찾아 그것을 채워 넣는 '자기 계발'과 '자기 혁신'에 있을 것이다. 왜냐 하면 '자기 계발'과 '자기 혁신'의 주축은 바로 '자기 경영'에서 비롯되기 때문이다.

　R. 힐은, "자기라고 생각하는 것이 자기가 아니다. 반성하고 사고하며 노력하는 것이 참된 자기 자신인 것이다"라고 말했다. 또한 미국의 제26대 대통령 T. 루스벨트는, "자기의 약점을 들어다보며 슬퍼하느니보다 장점을 키우기에 힘써야 한다. 땅 속에 금광이 들어 있듯이 사람의 정신 속에도 빛나는 재능이 들어 있다. 노력만이 그 재능을 빛낼 수 있다"라고 했다. 이 험난한 세파를 헤쳐나가기 위해서는 곰곰이 되새겨

볼 명언들이다.

 이 책은 바로 자기 자신을 어떻게 현실 상황에 맞출 것인가, 어떻게 해야 다른 사람들보다 한 발 앞서가며, 무엇을 가지고 삶의 승자로 우뚝 설 것인가에 대해 번민하거나, 삶의 활력을 찾아 헤매는 사람들을 위해 꾸몄다. 따라서 냉혹한 승부의 세계에서나 자신과의 싸움에서 세상 사람들 누구 못지 않게 훌륭히 싸워 승리한 위인들, 이를테면 강철왕 카네기를 비롯하여, 《적극적으로 산다》 등의 저술로 유명한 휠러, 《신념의 마력》의 저자 브리스톨, 《적극적 사고 방식》의 저자 노먼 V. 필, 그리고 '란체스터의 법칙'을 만들어낸 항공 공학자인 F. W. 란체스터 등의 세계적인 저술 중에서 가장 핵심적이고 기초적인 것만 가려 뽑아 현 시대에 초점을 맞춘 것들이다.

 아무쪼록 독자 여러분들은 이 책을 단순히 상식선에서 보지 말고, 몇 번이고 읽어 자신 속으로 녹아들게 하여 새 천년의 한 구성원으로서 꼭히 성공해 주기를 간절히 바란다.

2000. 6. 30.

편저자

제1장 너무나 소중한 시간 관리법

제2장 단 일 초도 낭비할 수 없는 시간표 작성법

제3장 세상에 하나밖에 없는 자기 이미지 관리법

제4장 자신을 알고 상대방을 설득하는 방법

제5장 위기에서 벗어날 수 있는 설득 요령법

제6장 위기를 기회로 바꾸는 자기 혁신법

제7장 좀더 빠르게 꿈을 실현하기 위한 방법

제 **1** 장

너무나 소중한 시간 관리법

1. 삶의 승패를 좌우하는 시간 감각

E. 바흐는 시간에 대해 다음과 같이 말했다.

"시간을 지배할 줄 아는 사람은 인생을 지배할 줄 아는 사람이다."

또한 괴테와 함께 개성 해방의 문학 운동을 대표했으며, 〈빌헬름 텔〉이란 작품으로 유명한 독일의 시인인 실러도 시간에 대해 이렇게 말했다.

시간을 지배할 줄 아는 사람은 인생을 지배할 줄 아는 사람이다.

▶ 실천 사항:

"시간의 걸음에는 세 가지가 있다. 즉, 미래는 주저하면서 다가오고, 현재는 화살처럼 날아가고, 과거는 영원히 정지해 있다."

이처럼 시간은 우리가 항상 염두에 두어야 할 공기와 같은 것이다. 따라서 '자기 경영'에서 그 어느 것이나 소중하겠지만, 필히 시간의 개념을 확고히 해두지 않으면 안 된다. 왜냐 하면 자기 삶의 승패를 좌우하는 것이 바로 이 시간 사용법이기 때문이다. 그리고 최근에는 어떤 대학 교수가 가장 피부에 와 닿는 이런 말을 하는 것을 들은 적이 있다.

"나는 직업 관계상 출판사를 비롯해 신문사와 텔레비전 방송국 등 여러 곳에서 일을 하는 사람들과 가끔 만난다. 우리들은 일에 관해서 생각할 때 보통 일주일 단위로 생각하지만, 출판사의 편집자들은 하루 단위로 생각하고 있는 것 같다. 그리고 더욱 놀랐던 것은 신문 기자를 만나 보았을 때, 그들이 시간 단위로 생각한다는 점이었으며, 특히 텔레비전 방송국의 사람들은 또 여기서 한술 더 떠서 분 단위로 생각한다는 것이었다."

이와 같이 시간에 대한 감각은 직업에 따라서, 사람에 따라서 현저히 다른 것이다.

요즘 블랙 홀 따위를 연구하여 화제를 모으고 있는 우주 과학자들은 일 년이니 이 년이니 하는 시간의 단

▶ 자기 암시:

위를 훨씬 초월하여 광년 단위로 사물을 생각하는 사람들이라고 해도 좋을 것이다.

《퍼킨슨의 법칙》으로 유명한 퍼킨슨 박사는 보통 사람들이 3시간 걸려 이야기할 것을, 유능한 비즈니스맨이라면 단 3분간으로 넉넉하다고 했는데, 여기에도 시간 감각의 커다란 차이가 나타나 있다.

바쁜 일에도 커다란 개인차가 있다. '서두르는 용건은 바쁜 사람에게 부탁하라'는 속담이 있는데, 이 말은 얼핏 보아 모순된 말인 것 같지만 그렇지가 않다. 헬렌 켈러는 그의 자서전에서 이렇게 말했다.

"저는 앞 못 보는 불행한 사람들을 위해 봉사하는 운동을 시작했습니다. 그런데 그 운동의 중심이 되어 일해 줄 사람을 누구에게 부탁하면 좋을까 망설이고 있을 때, 어떤 사람이 '무언가 남에게 부탁할 일이 있다면 한가한 사람에게 가기보다도 바쁜 사람에게로 가라, 그러는 편이 빠를 것이다'라고 한 말이 생각나서, 처음에는 한가한 사람을 찾을 속셈이었지만, 그것을 그만두고 오히려 분주하다고 여겨지는 사람을 찾아내어 그 사람에게 운동의 중심이 되어 달라고 부탁했습니다."

대단히 바쁜 사람은 바쁜 대로 여러 가지 연구를 하

서두르는 용건은 바쁜 사람에게 부탁하라.

▶ 실천 사항:

여 시간을 합리적으로 쓰고 있기 때문에, 일이 아무리 많더라도 교묘히 그것을 소화시켜 나가는 방법을 터득하고 있는 셈이지만, 시간이 남아돌아 주체 못 하고 있는 사람은, 시간의 귀중성을 이해하지 못하고 행동의 의욕도 결여되어 있어, 중요한 일을 부탁받더라도 그것을 능숙히 처리해 나갈 능력이 없다. 결국 틈이 있어도 없다는 것이 된다.

바쁘다는 것은 하지 않으면 안 된다는 일을 하지 않아도 괜찮다는 구실로 사용해도 용납된다는 말은 결코 아니다. 그러므로 시간은 단지 다른 것에서 주어진 어쩔 도리가 없는 것이라고 수동적으로 생각해선 안 된다. 왜냐 하면 그 바쁜 것을 어떻게 관리하고 자기의 시간을 만들어 내느냐에 있기 때문이다.

한마디로 시간을 잘 쓰는 사람이란, 시간을 적극적으로 관리하고 시간을 경영하는 사람인 것이다.

2. 신비스런 시간의 실제

자기가 하고 싶은 일을 할 때나, 재미있고 즐겁게 놀

▶ 자기 암시 :

때는 시간이 눈 깜짝할 사이에 지나가 버리지만, 힘들고 재미 없을 때나 괴로울 때에는 너무도 지루하게 느껴진다. 물리적인 시간에는 늘어나고 줄어듦이 없지만, 생활 속의 시간에는 이렇듯 늘어나고 줄어듦이 있는 것이다.

그리고 개인 개인마다 다른 생리적 시간과 심리적 시간이라는 것도 있다. 어렸을 때에는 하루가 아주 길었지만, 나이를 먹어감에 따라 하루는 차츰 짧아지고, 예정한 일의 반도 끝내기 전에 하루가 지나 버린다. 이것은 생활이나 일에 쫓기는 일이 없는 하루와 악착같이 일하지 않으면 안 될 하루의 차이인 것이며, 그 사람이 살고 있는 인생 시기의 상위(相違)에서 생겨나는 생리적·심리적인 시간 감각의 차이이다.

여기서 한 가지 재미있는 현상은, 태평스런 성격인 사람의 심리적 시간과 성급한 사람의 심리적 시간은 매우 다른 바가 있는데, 이것은 생리적·심리적 시간에 의해 시계의 시간이 길어지기도 하고 짧아지기도 하기 때문이다.

"빈부 귀천이나 남녀 노소의 구별 없이 가장 공평하게 만인한테 주어지고 있는 것은 하루 24시간의 시간이다. 더구나 당신은 내일의 시간을 오늘 사용할 수도 없으며, 어제의 시간이 다시 돌아올 턱도 없다. 당신의

▶ 실천 사항:

물리적인
시간에는 늘어나고
줄어듦이 없지만,
생활 속의
시간에는 이렇듯
늘어나고
줄어듦이
있는 것이다.

인생은, 다만 오늘이라는 날의 24시간을 어떻게 하면 유효하게 쓰느냐에 달려 있는 것이다. 그러나 세상에는 이 귀중한 24시간을 20시간으로밖에 쓰고 있지 않는 사람이 있는가 하면, 25시간으로도 26시간으로도 쓰고 있는 사람이 있다. 이렇게 서로 어긋나고 틀리는 현상은 대체 어디서 비롯되는 것일까?"

이와 같은 의문을 제기하고 있는 사람은 《당신은 하루 24시간을 어떻게 사용하는가?》 하는 책을 쓴 레이 조셉이다.

비즈니스맨에 관해 행해진 조사에 의하면, 그들의 본질적인 활동이라든가, 개인적인 특기와 장점은 다종 다양하지만 대다수의 비즈니스맨들은 누구든 한결같이 하지 않으면 안 될, 또 하고 싶다고 여기고 있는 일을 하기 위한 시간의 여유를 좀더 갖고 싶다고 열망한다.

따라서 필자가 이 책이 집필된 동기도 그와 같은 욕망을 채워 주기 위해서이지만, 그 문제에 들어가기 전에 먼저 무엇보다도 우리들은 다음의 사실을 우선 확인해 둘 필요가 있다.

첫째, 시간은 엄밀히 측정할 수 있는 것이다.

둘째, 시간은 항상 흘러가 버리고 다시 돌아오지 않는 것이다.

▶ 자기 암시:

셋째, 어떤 사람에게도 마찬가지로 하루 24시간(1천4 백40분)이 주어져 있다.

넷째, 어떠한 부자라도 그것 이상의 시간을 살 수는 없고, 또한 어떠한 가난뱅이라도 그것 이하를 살 수 있 는 것도 아니다.

다섯째, 더구나 신이 제공한 시간은 한정되어 있지 만, 그 이용은 무한한 것이다.

3. 하루하루의 소중함

이와 같이 시간은 대단히 독특하며 귀중한 것이기에, 신이 그 무한한 지혜를 발휘하여 우리들이 그것을 낭비 하지 못하게끔 제각기 일정량을 준 것이라고 생각될 수 있지 않을까?

우리들은 그것을 저축해 둘 수가 없으며, 그것이 우 리들에게 주어졌을 때만, 다시 말해서 오늘, 그리고 이 시간, 이 순간이라는 '현재'를 사용할 수가 있을 뿐인 것이다. 만일 오늘이라는 날을 아무런 쓸모없이 지내고 말면, 그것은 영구히 잃어버리고 만다. 오늘이라는 하

신이 제공한
시간은 한정되어
있지만,
그 이용은
무한한 것이다.

▶ 실천 사항:

루는, 어제 그토록 여러 가지 일을 하려고 마음먹었던 그 내일이라는 것임을 잘 새겨두어야 한다. 또한 이 귀중한 오늘이라는 하루도 또한 마침내는 영원한 시공(時空)의 저편으로 사라져 버린다는 것을 잊지 말아야 한다.

우리들이 살 수 있는 건 바로 이 현재일 뿐으로, 과거는 이미 사라져 버렸고, 미래는 아직 도달되어 있지 않는 것이다. 어제는 취소된 수표이고, 내일은 약속된 어음이다. 오늘만이 바로 현금이고, 지금만이 거래할 수 있는 유통성이 있는 것이다.

"인생이란 것은 한 번에 하루만 살게끔 만들어져 있다. 따라서 어제의 걱정을 오늘로 가져와서도 안 되며, 오늘의 분쟁을 내일로 떠넘겨서도 안 된다."
라고 어떤 현인은 이렇게 타이르고 있지만, 누구라도 오늘 하루라는 같은 양의 시간을 갖고서 매일 새롭게 출발을 시작하는 것이다. 우리들의 하루의 보자기 속에는, 우리들이 인생이라고 부르고 있는 더 할 데 없이 귀중한 속알맹이인 24시간으로 신비롭게도 채워져 있다. 그뿐이 아니다. 자연은, 시계의 바늘을 우리들의 누구에게 있어서도 똑같은 속도로 돌게끔 만들고 있는 것임을 깨달아야 한다.

한 젊은 사람이 할아버지 시대의 낡은 시계를 수리하

오늘만이 바로
현금이고,
지금만이
거래할 수 있는
유통성이
있는 것이다.

▶ 자기 암시:

다가 아래와 같은 시를 발견했다. 그것은 나사 감기가
매달려 있는 케이스의 안쪽에 낙서되어 있었던 것인데,
이 시는 우리에게 있어서 오늘이라는 하루의 중요성을
잘 말해 줄 것이다.

삶의 시계는 단 한 번 나사를 감는다.
그 바늘이 언제 멎을 것인지,
빠른 것일까, 늦은 것일까.
그 때를 아무도 말할 수 없다.
지금은 우리들이 소유하고 있는 오직 하나뿐인 시간
이다.
열심히 살면서 사랑하고 부지런히 일하라.
내일을 믿어선 안 된다.
왜냐 하면
그 때는 시계가 멎어 있을지도 모르기 때문이다.

4. 시간을 만들어라

앞에서 '서두르는 용건은 바쁜 사람에게 부탁하라'는

삶의 시계는
단 한 번
나사를 감는다.

▶ 실천 사항:

속담이 있다고 했는데, '바쁘다' 든가, '시간이 없다' 는 것도 사고 방식, 이를테면 마음가짐에 따라 달라지는 법이다.

A부인은 결혼하기까지 직업 전선에 나서고 있었는데, 지금에 와서는 초등학교에 다니고 있는 두 아이의 시중과 집안 일로 눈코 뜰 새 없어, 언제나 "바쁘다, 바쁘다" 하고 입버릇처럼 말한다.

그런데 어느 일요일 밤, A부인은 가족들과 함께 외출에서 돌아오는 길에 자동차 사고를 만났다. 다행히 부인과 아이들은 별로 크게 다치지는 않았지만, 남편은 척추에 상처를 입어 한평생 움직일 수 없는 몸이 되고 말았다. 그 결과, A부인은 아무래도 자기가 직장에 나가지 않으면 안 되게 되었다. 이 사고가 있은 지 몇 달 뒤, 필자는 A부인을 만났는데, 그녀의 변모에 놀라고 말았다. 그녀는 이렇게 말했던 것이다.

"잘 아시다시피 6개월 전에는 제가 집안 살림도 꾸려나가느라고 하루 종일 자유롭게 일할 수 있다고는 꿈에도 생각지 못했지요. 그러나 그 사고가 있은 뒤부터 저는 시간을 찾아내야 한다고 결심했지요. 아마 놀라실지도 모르지만, 저의 능률은 1백 퍼센트 상승했습니다. 저는 이제까지 제가 하고 있었던 수많은 일들이, 전혀 하지 않아도 좋았다는 것을 발견했습니다. 그리고 아이

▶ 자기 암시:

들이 저를 도와줄 수도 있고, 도우려 하는 마음이 있다는 것도 알았습니다. 저는 가게에 물건을 사러 별로 가지 않는 일이라든가, 텔레비전을 별로 보지 않는 일이라든가, 전화를 별로 걸지 않는다는 따위와 같은 데서 시간을 만들어내는 많은 방법이 있음을 발견했습니다."

이러한 경험은 우리들에게 다음의 교훈을 가르쳐 주고 있다. 그것은 '바쁘다'는 것은 사고 방식이나 마음가짐의 문제라는 점이다. 우리들에게 얼마만큼 시간이 있느냐 하는 것은, 얼마만큼 시간을 만들어 낼 수가 있다고 생각하는가 하는 점에 달려 있는 것이다. '나는 좀더 시간을 만들어 낼 수 있을 텐데' 하고 생각한다면, 당신의 마음은 이미 창조적으로 생각하여 그 방법을 제시하고 있는 것이다.

비즈니스의 세계에서도 이와 같은 일은 매일 일어나고 있다 해도 좋다. 윗사람이 부하에게 어떤 일을 명령한다. 이것에 대해서,

"죄송하지만 지금 눈코 뜰 새 없이 바빠서……."

라고 대답하는 사람이 있다. 그러면 윗사람도 굳이 그 일을 떠맡기려고 하지는 않을 것이다. 애당초 그것은 '여분의 일'이니까 말이다. 그러나 윗사람은 다른 사람들과 똑같을 만큼 분주한 데도 불구하고 좀더 일을 맡

> '바쁘다'는 것은 사고 방식이나 마음가짐의 문제라는 점이다.

▶ 실천 사항:

을 수가 있다고 생각하는 아랫사람을 찾아낼 수가 있을 때까지, 그와 같은 사람을 계속 찾게 될 것이 분명하다. 그리하여 그 사람에게 일을 맡기리라. 이와 같은 부하야말로 남보다 앞서서 출세하는 기회를 잡는 인물이 될 것이다.

5. 능률적인 시간 사용법

'인간 관계'와 '능률학'의 최고 석학으로 알려진 도널드 A.레아드 박사는 《작업의 능숙한 위임법》이란 저서에서 다음과 같이 말했다.

"우리들은 악기의 소리를 보다 멀리 보내는 방법을 발견하기 위해 많은 정력을 소비하든가, 자동차를 좀더 능률적으로 빨리 달리게 하기 위해서 특별한 장치를 연구하든가, 빛의 효율을 늘리기 위해 반사경을 발명하든가 하고 있지만, 우리들 자신의 능률을 늘리기 위해서는 거의 머리를 쓰고 있지 않는 것 같다."

시간의 동작에 대한 연구라는 학문이 있지만, 그 방면의 전문가 의견을 따른다면 우리들의 대다수는 비능

우리들 자신의 능률을 늘리기 위해서는 거의 머리를 쓰고 있지 않는 것 같다.

▶ 자기 암시:

률적인 방법으로 일을 하고 있는 덕택에 시간과 정력의 50퍼센트는 헛되게 쓰고 있다고 한다.

수많은 발명가는 어떤 기계보다도 더욱 중요한 인간을 돕기 위해서 지금까지는 거의 아무런 일도 이룩되지 않았다는 게 애석한 일이지만, 사실이다.

'과학적 관리법의 아버지'라고 불리는 F.W. 테일러(1856~1915;미국의 기술자. 공장의 과학적 관리법의 창시자)는 일찍이 이런 말을 한 적이 있다.

"사람들 대다수는 노동 시간을 연장한다든가 하여 저녁때 기진맥진하도록 노동 강화를 하지 않더라도, 보통 하고 있는 일의 능률을 세 갑절에서 네 갑절로 늘릴 수가 있다. 명백히 이 이상의 능률을 올릴 수 없다고 여겨질 경우라도, 극히 약간인 여분의 노력을 함으로써 사태를 개선할 수가 있는 것이다."

이와 같이 우리들이 실제로 하고 있는 일과 앞으로 할 수가 있는 일과의 사이에는 커다란 거리감이 있는 것인데, 그렇다고 해서 무작정 아무런 분별도 없이 다만 일을 한다고 해서 이것이 달성될 리는 없다.

따라서 해야 할 일을 보다 적은 시간과 보다 적은 노력으로 완수하기 위한, 개량된 새로운 방법을 채용해야만 한다는 이유가 여기에 있는 것이다.

앞뒤 가릴 것 없이 그저 정신 없이 일한다 하는 것은

극히 약간인 여분의 노력을 함으로써 사태를 개선할 수가 있는 것이다.

필요·불필요의 구별 없이 일의 전부를 다만 스피드 업 (speed up;속도 높이기. 능률 올리기)하는 데 그치지만, 이것은 보통 아무런 도움도 되지 않는다.

특히 유념할 것은, 일에 있어서나, 일상 생활에 있어서나, 무슨 일이고 능률적으로 수행하기 위해서는 불필요한, 또는 중요성이 적은 부분은 대담하게 잘라 버리지 않으면 안 된다. 이것은 심신을 극도의 긴장 상태에 두는 계속적인 스피드 업에서 생기는 일의 결함이나 정력의 소모, 능률의 저하를 방지하기 위하여 필요한 조치이다. 우리들의 가정에서는 어느 집이건 가계부를 비치하고 있다. 그 가계부에 한 달의 계획을 세워 생활을 꾸려 나가고 있는 것과 마찬가지로, 우리들도 시간의 계획을 세움으로써 불필요한 낭비와 실패를 최소한으로 억제하여 방비할 수 있으며, 시간의 수지(收支)를 개선하여 이윤을 낳게 할 수가 있는 것이다.

6. 효과적인 시간 사용법

시간은 흐르는 물처럼 쉴새없이 지나가 버린다. 어느

▶ 자기 암시:

누구도 시간을 돈이나 원료처럼 커다란 그릇에 비축해 둘 수는 없다. 우리는 시간을 찾아내어 긁어모으고, 일 분 일 초일지라도 그것을 아껴 쓸 필요가 있는 것이다.

그렇다고는 하지만 시간을 크게 절약해야겠다는 생각은 버려야 한다. 그 대신 10분, 혹은 20분과 같은 약간의 시간 절약에 주의를 집중해야 한다.

어떤 능률 연구가는 시간 절약의 비결로써 다음의 세 가지 방법을 들었다.

첫째, 시간을 낭비하는, 쓸모도 없는 시시한 볼일은 생략하라.

둘째, 오래 끌 일은 뒤로 돌리고 간단한 일부터 재빨리 요령 있게 시작하라.

셋째, 두 가지나 세 가지의 일을 한꺼번에 하는 방법을 터득하라.

자기 자신을 위하여 쓰는 유효한 시간을 조금이라도 많이 만들려고 하는 데 있어 우리들이 먼저 터득해야만 할 일은 매사를 좀더 단시간에, 되도록 노력을 줄이고서 하자면 어떻게 해야만 좋으냐 하는 점이다. 헛된 일을 제거하고 분초를 아끼는 방식으로 한다면, 별로 힘들 것도 없이 자기가 좋아하는 일도 할 수 있는 시간이

우리는 시간을
찾아내어
긁어모으고,
일분 일 초일지라도
그것을 아껴
쓸 필요가
있는 것이다.

▶ 실천 사항:

쉽사리 얻어질 것이다.

지금부터 풀이해 나가는 일은 여러 가지 종류의 사람들이 생각하여 실행하고 있는 시간 활용법·능률 증진법인데, 당신은 굳이 여기에 설명되어 있는 방법을 전부 활용해야만 한다는 것도 아니다. 누구라도 그런 일은 될 수도 없는 것이다.

실제 문제로서, 이들 방법은 어떤 경우 서로 모순되는 일마저 있을 것이. 왜냐 하면 시간 관리라는 것은 매우 개인적인 문제일뿐더러, 능률적 생활법은 사람 저마다에 따라 한결같지가 않기 때문이다. 어떤 사람에게 효과적이었던 방법도 다른 사람에게 있어서는 반드시 효과적이 아닌 일도 있으니만큼, 남이 어떠한 방식을 했는가를 읽을 경우에는 항상 그것을 자기 자신에 적용시켜 생각해 볼 필요가 있다. 이 여러 가지를 스스로 연구해 봄으로써 비로소 자기 자신에 적절한 방법이 엮어질 수 있는 것이다.

따라서 이 책에 씌어진 충고나 조언도 그것을 곧이곧대로 믿어 버릴 게 아니라, 자기의 상황에 적응토록 개조하여 사용함이 마땅하다. 그렇다면 효과적인 시간 사용법을 위해 어떻게 해야 할지 살펴보자. 그것은 쉴새 없이 자기를 향하여 다음의 점을 질문하는 것이다.

▶ 자기 암시:

첫째, 어떻게 하면 이 연구를 내 자신의 생활에 응용할 수 있을까?

둘째, 내가 해야만 할 일은 무엇무엇일까?

셋째, 중지하지 않으면 안 될 일은 무엇일까?

넷째, 또 다른 방식을 택하지 않으면 안 될 것은 무엇일까?

하지만 이들 질문들을 고정된 공식(公式)이라고 생각해선 안 된다. 자기의 상황에 따라 이 질문들을 응용하는 방법을 생각하고 창조력에 의해 이 속에서 새로운 연구를 낳게 해야 하는 것이다.

7. 합리적 · 효율적인 시간 활용법

프랑스의 소설가이며, 극작가 · 사상가인 볼테르(Voltaire;1694~1778;신앙과 언론의 자유를 추구하는 합리적인 계몽 사상가로 활약했음. 대표적인 저술로는 소설 《캉 디드》, 논문집 《철학사전》이 있음)의 저술 가운데 다음과 같은 의문을 던지고 있다고 한다.

▶ 실천 사항:

내가 해야만
할 일은
무엇무엇일까!

가장 길면서도 가장 짧은 것은 무엇인가?

가장 빠르면서도 가장 더딘 것,

우리들은 모두 그것을 무시하고, 마침내 모두 그것을 후회한다.

그것 없이는 아무것도 되지 않는다.

그것은 미소 짓는 모든 것을 삼켜 버리고, 또한 위대한 것 전부를 이룩하도록 만든다.

위에서 묻고 있는 그것이란 무엇일까? 물론 당신은 그 대답을 알 것이다. 그것은 바로 시간이다.

그것은 영원인 까닭에 가장 길다. 그것은 우리들의 누구이든 자기 일생의 전부를 다 바칠 시간을 갖고 있지 않은 까닭에 가장 짧다.

그것은 행복한 사람에게 있어서는 빠르고 불행한 사람에게 있어서는 더디다.

우리들은 모두 그것을 무시하지만, 이윽고 얼마만큼 그것을 후회할지 모른다. 그것은 그 속에서 우리들이 사는 현장이니만큼, 그것 없이는 아무 일도 못 한다.

또한 그것은 후세로 달려가 가치 없는 모든 것을 망각의 바다 속에 삼켜 버리고, 위대한 모든 것을 영구히 보존한다.

그런데 이와 같은 시간, 영원의 단편(斷片)을 다만 하

▶ 자기 암시 :

릴없이 소비해 버리지 않고, 그것을 우리들 인생의 목적을 위해 합리적·효율적으로 이용하자면 어떻게 해야만 할까? 그러기 위해서는 다음과 같이 크게 세 개의 절차를 밟아 시간의 관리를 개선해 나가지 않으면 안 된다.

1) 자기 자신이 어떠한 시간의 사용법을 하고 있는지 그 실상을 명백히 해야 한다

자기의 시간을 각종의 주요한 일에 어떻게 할당하고 있는지 알아내는 것을 의미한다. 그러기 위해서는 당신의 시간 사용의 내용을 검토해 볼 필요가 있다. 그리하여 내일의 시간이 어디에 얼마만큼 쓰여지고 있나 하는 실태를 먼저 알아내는 것이다.

2) 시간의 사용법의 실상을 분석해야 한다

시간의 사용법에 관한 데이터가 모였다면, 이번에는 그것을 기초로 당신이 이제까지 시간을 어떻게 써 왔는지 분석하지 않으면 안 된다. 시간을 헛되게 쓰든가, 필요 이상으로 시간을 들이고 있었던 것은 어느 분야인가, 또 그것과는 반대로 들여야 할 시간을 충분히 들이고 있지 않았던 건 어느 분야인가, 이것에 의해 명백해질 것이다.

▶ 실천 사항:

시간의 사용법에 관한 데이터가 모였다면, 이번에는 그것을 기초로 당신이 이제까지 시간을 어떻게 써 왔는지 분석하지 않으면 안 된다.

3) 일의 방식을 고쳐야 한다

시간의 사용법에 관한 실태를 조사하고 그것을 분석한다면, 일의 방식을 보다 합리적·체계적으로 만들 계기가 될 것이다.

일단 일의 방식에 대한 틀을 잡고 나면 그것은 꽤 장시간에 걸쳐 이용할 수 있는 것이므로, 자질구레한 점은 그때 그때의 계획에 맞추어 바꿔가면 된다.

8. 시간 낭비를 막는 법

시간에 대한 마음가짐이 엉성하고, 시간 이용에 무관심한 사람이 있다. 의식적인 경우도 있지만, 대개는 무의식중에 동료와 쓸데없는 이야기로 노닥거리든가, 전화를 길게 걸든가, 쓰잘데없는 일로 시간을 낭비하고 있는 것이다.

그렇다면 여기서 가장 많이 볼 수 있는 비능률적인 시간의 사용법을 열거해 보겠다.

1) 일의 교대가 충분치 않다

▶ 자기 암시 :

다른 사람이라 할 수 있도 일을 넘겨주지 않고, 즉 교대하지 않고 자기 혼자서 차지하고 낑낑거린다면, 그야말로 자기가 아니면 안 될 일에 몰두할 귀중한 시간을 낭비하는 셈이 된다.

2) 우유 부단하지 말아야 한다

결론을 내리는 데 있어 꾸물거리든가, 혹은 결정을 내리는 데 필요 이상의 시간이 걸린다면, 당신은 시간을 낭비하고 있는 것이다.

3) 지연은 곧 손실임을 명심하라

지금 바로 해야 할 일을 뒤로 돌린다면, 그 일에 착수할 때 쓸데없는 시간이 소요하게 된다. 그 동안 그 일에 대해서 신경이 쓰이든가, 그 일에 착수할 '마음의 준비'를 갖추기 위해서도 시간을 허비하는 셈이 된다.

4) 적당주의는 안 된다

이를테면, 데스크 워크(desk work; 사무 처리·공부·저술 등의 탁상 작업)의 방식이 능률적이 아니면 시간을 잡아매 둔다. 다시 말해 문서를 두는 장소가 일정치 않다면 그것을 찾는 데 과외의 시간이 들 것이고, 결재하지 않은 서류를 책상 위에 놓아두면 어떤 기회에는 그

▶ 실천 사항:

지연은 곧
손실임을
명심하라

것을 치워야 할 수고가 따르며, 게다가 잊어 먹지 않도록 신경을 곤두세우지 않으면 안 된다.

5) 전화의 남용도 시간의 낭비다

적절히 사용만 한다면 전화는 시간을 절약하는 데 있어서 가장 가치 있는 도구이지만, 이렇다 할 목적도 없이 빈번히 걸든가, 필요 이상의 긴 전화는 시간의 낭비와 연결된다.

6) 지나친 회의도 옳지 않다

회의가 지나치게 필요 없이 많은 것도 시간을 낭비하는 큰 원인이다. 회의를 회수나 길이로서만 평가하는 일이 옳은지 어떤지를 새삼 생각해 볼 필요가 있다.

7) 불필요한 활동은 삼가라

시간이 임무를 완수하기 위해 불가결한 일에 쓰여졌을 때는, 그것이 가장 효과적으로 사용된 것임을 항상 명기(銘記)해 두지 않으면 안 된다.

《퍼킨슨의 법칙》에, "일은 그 완성에 할당된 시간을 채우기 위해 확장한다"는 말이 있다. 이 말의 뜻은, 만일 우리들에게 어떤 일을 완성시키는 데 1주일의 시간

회의가 지나치게 필요 없이 많은 것도 시간을 낭비하는 큰 원인이다.

▶ 자기 암시:

이 있는 것이라면 그것에 1주일이 소요될 것이고, 만일 우리들에게 그 완성을 위해 10일이 주어져 있는 것이라면, 그것에는 10일을 소요하리라는 것이다.

9. 자기 자신의 시간 조사법

실제로 여기서 자기가 시간을 어떤 식으로 사용하고 있는지 조사하지 않으면 안 되는데, 그러기 위해서는 특별한 행사라든가, 여행 따위가 없는 보통때의 자신의 1주일을 샘플로 하여 아침부터 밤까지의 행동 하나하나를 꼼꼼히 기록해 나가보도록 하자.

아마 당신의 메모는, 오전 여섯 시나 일곱 시에 기상하고, 15분간을 세수로 소비한 뒤, 30분을 들여 아침 식사를 하면서 신문을 읽었다. 그리고 10분간을 들여 양복으로 갈아입고, 8시에 집을 출발한다. 회사에 닿은 것은 9시 5분 전으로 9시부터 9시 30분까지 서류를 보고, 그런 뒤 윗분한테 가서 업무에 관한 상의를 하고, 10시에 회사를 나와 A사를 방문한다. 또한 10시 40분에 A사를 나와 11시 10분에 귀사하는 식으로 계속될

1주일을 샘플로 하여 아침부터 밤까지의 행동 하나하나를 꼼꼼히 기록해 나가보도록 하자.

▶ 실천 사항:

것이다.

오후 역시 이런 식으로 계속되며, 귀가하여 잠자리에 들기까지 이 기록은 이어질 것이다.

만일 아침에 일어나서 밤에 잠잘 때까지의 시간을 꼼꼼히 기록하는 게 번거롭다면, 조사를 회사에 있는 시간만으로 한정시켜도 좋다. 그리고 다음에 제시한 듯한 카드를 미리 작성해 두고 각 난을 체크해 가도록 한다면, 작업은 극히 간단하다.

요컨대 가계부를 기입하는 것과 같은 요령으로 '시간의 가계부'를 적어 나가는 셈이다. 이 조사를 검토해 봄으로써 당신의 시간 사용 패턴의 장점이나 단점이 명확해지고, 그것에 의해 일의 방식이 개선될 수 있는 것이다.

당신은 아마 1주일이 걸려 이 조사가 완성되기를 기다릴 것도 없이, 시작한 다음 날, 또는 그 다음 다음 날부터 쓸모없는 활동이 줄고, 동료와의 노닥거리는 시간이나 불필요한 전화가 적어졌다는 것을 깨닫게 될 것이 틀림없다. 왜냐 하면 시간 사용의 조사를 시작했다는 그 자체로, 이미 '시간을 의식하게끔' 되어 있기 때문이다. 그 결과, 자기의 행동 패턴은 개선돼 가고 있는 것이다.

▶ 자기 암시:

10. 시간 조사에서 주의할 점

우선 시간 조사라고 하면 몹시 꽤 까다로운 것이라는 인상을 받을지도 모르지만, 이것에 소요되는 시간은 하루 중의 불과 몇 분이면 충분하며, 결코 귀찮은 부담이 되지는 않는다.

다만 다음의 몇 가지 점을 주의하도록 하자.

1) 지금 당장 시작하자

바로 오늘 이 순간부터 시작해야 한다. 좀더 형편이 무르익은 시기가 올 때까지 기다리자고 생각한다면, 언제까지나 착수하지 못할 것이다.

2) 무슨 일이고 있었다면 즉각 기록하자

오늘 하루가 다 가고, 그 끝나갈 무렵 몇 분을 쪼개어서, 그 날에 있었던 일을 모조리 떠올려 쓰려고 해도 좀처럼 쉬운 일은 아니다.

어느 때 어느 곳이고 쉽게 접할 수 있도록 조사표를 놓아두어야 한다.

3) 시간 조사표를 항상 지니고 다녀라

▶ 실천 사항:

어느 때 어느 곳이고 쉽게 접할 수 있도록 조사표를 놓아두어야 한다. 이를테면 언제나 책상 위에, 외출할 때에는 포켓 속에 항상 자기 옆에 조사표를 놓아두는 것이다.

4) 특별한 사건에 대해서도 기록해 두어라

이렇게 함으로써 일상 업무에 없는 색다른 일도 빠짐 없이 기록할 수가 있으며, 관찰에 더 한층 정확성을 기할 수 있게 된다.

5) 자기의 일에 적합한 분류표를 사용하라

이를테면 식사 시간, 신문을 읽은 시간, 통근에 소요된 시간, 그리고 휴식 시간 따위는 종합해서 기입할 것이냐, 아니면 따로따로 기입할 것이냐, 또 무언가 특별한 항목을 만들 것인지 여부는, 당신의 하는 일의 성질과 분석 목적을 좇아, 자기에게 알맞도록 만들면 좋은 것이다.

6) 기입을 간단히 하기 위해 기호를 사용하라

그것을 보면, 곧 그 내용이 생각나는 기호를 만들면 기입도 간단해진다.

자기의 일에
적합한 분류표를
사용하라.

▶ 자기 암시:

7) 시간 내의 어떠한 작은 중단이라도 잊지 않고 기록해 두어라

이와 같은 중단은 사고나 활동의 연속성을 단절시키게 되므로, 이것은 중요한 일이다.

8) 당신이 한 일마다 장시간에 걸친 일의 내용을 세분화하라

독서나 편지 쓰기, 서류에의 사인 · 회의 · 전화 따위를 기입할 수 있도록 해 둔다.

9) 자기의 시간 사용을 연구하여 일의 방식을 개선해 나가라

조사표를 상세히 연구한 결과, "전부터 이렇구나" 하고 여기고 있었던 일이 새삼 확인될 수 있게 될지도 모르며, 또 새로운 사실이 발견될지도 모른다. 다시 말해 자기의 시간 배분이 적절한지 부적절한지도 곧 알 수 있을 것이다.

그러한 것을 바탕 삼아 자기는 최초로 해야 할 일을 실제로 맨 먼저 하고 있는 것일까, 자기의 활동은 자기의 주목표에 정말로 기여하고 있는 것일까 등등을 검토하고 합리적인 시간 사용 계획을 세우는 것이다.

자기의
시간 사용을
연구하여
일의 방식을
개선해 나가라.

▶ 실천 사항:

이와 같이 함으로써 전체의 일과 개개의 일의 상호 관계를 잘 생각하고, 가장 시간을 잡아먹는 일을 파악함으로써 비로소 자기의 시간을 효과적으로 쓸 수 있게 된다.

11. 시간 사용 기록의 분석법

자기가 사용한 시간을 실제로 기록해 보면, 새로운 사실이 여러 가지로 명백해져 온다. 그리하여 그것에 따라, 시간의 사용법에 관해 무관심을 수 없게 될 것이다. 이를테면 이제까지의 시간 사용의 기록을 분석해 보았더니, 다음과 같은 의문이 나타났다.

첫째, 나는 지금까지 일에 아무런 쓸모도 없는 회의나 모임에 지나치게 참석하여 귀중한 시간을 낭비하고 있지 않았을까?

둘째, 필요도 없는 일을 무분별하게 찾아가서 남의 일을 방해하지는 않았을까?

셋째, 불의의 방문객에 의해 일이 늘 중단되고 있지

▶ 자기 암시:

는 않았을까?

넷째, 틀에 박힌 일상 업무에 시간을 지나치게 소비하고 있지 않을까?

다섯째, 연간 백만 원인 고객에게도 천만 원인 고객과 똑같을 만큼의 시간을 소비하고 있지는 않았을까?

여섯째, 회사에 출근하자마자 먼저 신문이나 업계지 및 별로 중요치 않은 보고서 따위를 읽고 있는 것은 아닐까?

일곱째, 흥미가 없다는 것을 구실 삼아 먼저 일에 착수하는 것을 우물거리고 있지는 않았을까?

여덟째, 정력을 최대한 활용할 수 있게끔 가장 중요한 일에 최상의 시간을 충당하는 걸 잊고 있지는 않았는지?

아홉째, 일이 중단되었을 때의 준비로, 언제라도 일의 연속성이 유지될 준비를 게을리하고 있지는 않았을까?

열째, 다른 사람이라도 능히 할 수 있는 일을 위임하지 않고 너무나도 많은 일을 자기 혼자서 욕심껏 맡고 있는 것은 아닐까?

열한째, 전화를 걸든가, 전화를 받든가 하는 일이 너무 많지 않은가?

열두째, 쓸모도 없는 기록을 보존하는 데 헛된 시간

전화를 걸든가,
전화를 받든가
하는 일이
너무 많지 않은가!

▶ 실천 사항:

을 들이고 있지는 않았는가?

또 다음과 같은 사실도 마찬가지로 이 조사 결과 명백해질 것이다.

첫째, 문제 처리나 일의 실행에 몇 퍼센트의 시간을 쓰며, 일을 계획하는 데 몇 퍼센트의 시간을 쓰고 있는가?

둘째, 별로 중요치 않은 일에 얼마만큼의 시간을 낭비하고 있는가?

셋째, 개인적인 행동이나 가정의 일에 근무 시간을 얼마만큼 희생시키고 있는가?

넷째, 계 · 동창회 · 향우회 등 모임에 소비하고 있는 시간이 얼마만큼일까? 당신이 모임을 개최했을 경우는 어떠하며, 모임의 계획이나 준비에 얼마만큼의 시간을 쓰고 있는가?

다섯째, 편지의 처리에 매일 얼마만큼의 시간을 필요로 하고 있는가? 그 중 매일 거르지 않고 취급하는 편지의 처리에 소요되는 시간은 얼마 만큼일까?

여섯째, 아랫사람에게 일부 또는 전부를 맡길 수 있는 일에 당신의 시간을 얼마만큼 쓰고 있는가?

개인적인
행동이나
가정의 일에
근무 시간을
얼마만큼
희생시키고
있는가!

▶ 자기 암시:

위에 열거한 이것들은 몇 가지의 예를 열거한 데 불과하지만, 이와 같은 사실을 실마리로 삼는다면 당신의 시간 사용은 현저하게 개선될 것이다.

12. 시간 관리란 무엇인가?

경제학자인 피터 드래커 교수는 그의 저서에서 말하기를,

"시간이야말로 가장 부족되는 독특한 자원이고, 그것이 관리되지 않는다면 다른 어떠한 것이라도 관리되지 않는다."

라고 했는데, 과연 '시간의 관리'란 대체 무엇을 말하는 것일까?

이 말을 그냥 아무 생각 없이 무심히 사용한다면 엉뚱한 오해를 불러일으키게 된다. 엄밀히 말하면, 인간이 시간을 관리하고 있지는 않는 것이다. 왜냐 하면 시계의 바늘은 우리들의 관리 아래 있지 않기 때문이다. 시간은 사정없이 움직이고 있다. 우리들은 원하든 원하지 않든 관계 없이 매분 60초의 페이스로 그 소비를 강

시간은 기계처럼 스위치를 넣든가, 끊든가 할 수 없다.

▶ 실천 사항:

요받고 있다. 또한 시간은 기계처럼 스위치를 넣든가, 끊든가 할 수 없다. 그래서 시간이야말로 가장 움직이기가 어렵고 탄력성이 없는 요소인 것이다.

따라서 '시간을 관리한다' 할 때에는, 시간을 관리함을 의미하는 게 아니라, 시간에 관련시켜 우리들 자신을 관리한다는 의미이다. 이 원리만 이해하고 있다면, 시간을 관리하기 위해 우리들이 무엇을 해야 할 것인지는 분명 밝혀질 것이다. 문제는 우리들이 얼마만큼의 시간을 갖고 있느냐가 아니라, 갖고 있는 시간의 범위 내에서 무엇을 하느냐, 여하한 시간을 활용하느냐 하는 것이다.

흔히 우리들은 시간의 적, 다시 말해서 시간 낭비의 원인으로서 외부적 요인을 들려고 한다. 이를테면 외부로부터의 전화, 불필요한 회의, 볼일도 없는 방문객, 아무짝에도 쓸모없는 서류, 무능한 부하, 이해성 없는 상사와 같은 것이 바로 그것이다.

그러나 과연 이것만이 시간의 적일까? 아니다. 다음의 충고를 유념하자.

첫째, 시간을 낭비하는, 쓸모도 없는 시시한 볼일을 제거하라.

둘째, 시간이 걸릴 일은 뒤로 돌리고 간단한 일부터

▶ 자기 암시:

재빨리 요령 있게 시작하라.

셋째, 두 가지나 세 가지의 일을 한꺼번에 할 수 있는 방법을 터득하라.

이상에 세 가지는 시간 절약의 비결로서 어떤 능률 연구가가 들고 있는 3개조이지만, 이것을 뒤집어서 말한다면 시간의 적이란 떠맡겨진 일을 놓아두라고 할 수 없는 일, 아무런 순서도 없이 한꺼번에 많은 일을 하려는 것, 재빨리 일에 착수하지 못한다는 것과 같이 그 어느 것이나 자기의 내부에 발생하는 '내부적 요인'에 불과하다.

자기 자신에게 몇 개인가의 질문을 던져 보라. 자기가 가진 시간의 적 중에서 어느 것이 내적으로 발생한, 즉 자기가 초래한 것인가? 어느 것이 외적으로 발생한, 즉 사건이나 남에 의해 비롯된 것인가?

이와 같은 질문에 전부 대답하고 났을 때 거기서 생겨나는 결론은, 앞서도 말했던 것처럼 시간 관리의 핵심은 주로 '자기의 관리'에 있다는 것과 시간은 대체적으로 매일 똑같은 방법에 의해 낭비되고 있다는 뜻밖의 사실이다.

자기가 가진
시간의 적 중에서
어느 것이
내적으로 발생한,
즉 자기가
초래한 것인가!

▶ 실천 사항:

13. 회사에서 시간을 관리하는 법

회사 중역들의 시간 사용에 관한 어떤 조사에 의하면, 대다수의 중역들은 회사에서 20분을 방해받지 않고 일을 계속할 수 없다고 한다. 엄청나게 많은 사람들이나 용건이 하루 종일 일 속에 비집고 들어오기 때문에, 정신적인 주의를 필요로 하는 업무 쪽이 정작 등한하게 되고, 편안하게 눌러앉아 일을 할 수 있는 여유가 없게 된다.

이것은 중역뿐 아니라 일반 사람에게 대해서도 많건 적건 해당되는 말이다. 이렇다면 아무리 시간의 낭비를 방지하는 데 노력을 집중하고, 몇 퍼센트인가 시간 사용의 효율을 높여 보아도 그 효과는 별로 발휘되지 않을 것이다. 왜냐 하면 여기저기서 절약한 단편적인 시간은 아무리 긁어모아야 하나의 통합된 시간으로서는 사용할 수가 없기 때문이다.

그러므로 하루를 능률적으로 보내기 위해서는 뭐니 뭐니 해도 한곳으로 모아진 시간을 찾아 낼 연구가 필요하다.

하루를 능률적으로 보내기 위해서는 뭐니 뭐니 해도 한곳으로 모아진 시간을 찾아 낼 연구가 필요하다.

▶ 자기 암시:

어떤 회사에서는 각지에 산재해 있는 지점의 전 지점 장에 대하여 오전 9시부터 30분간엔 '생각하는 시간'을 반드시 두도록 하고 있는데 그 시간은 지점의 경영 문제에 관하여 곰곰이 생각하도록 지시하고 있다 한다.

이와 같은 시간을 회사의 명령으로써 꼭 갖도록 지시하는 것은 약간 극단일지도 모르지만, 어떤 경영 간부는 매일 일정 시간을 자기 방에 틀어박혀, 이 시간은 '회의 중'이니 '외출 중'이니 하고서, 방문자뿐만 아니라 전화도 일체 받지 않는다.

또 어떤 경영 간부는 혼자만 있기 위하여 사외(社外)에 '비밀 사무실'을 갖고 있다. 혹은 사내에서 평소엔 사용치 않는 방으로 '도피하는' 사람도 있다.

이렇듯 있는 장소를 바꾸는 것은 두뇌를 명석히 하는 데는 도움이 되며, 또 그 같은 장소에서는 자기가 언제나 있는 방과는 느낌이 다르므로, 일상 업무가 아닌 특수 문제에 주의를 쉽게 집중할 수가 있다.

이 사람들은 회사의 최고 간부들이니까 이와 같은 일이 가능하다고 생각할지도 모르지만, 반드시 그렇지만 않다. 보통인 사람도 그런 대로 여러 가지 연구를 할 수가 있을 것이다.

이를테면 단시간 자기를 격리시켜 무언가 생각하고 싶다면 조용한 다방 따위를 이용해도 좋고, 혹은 좌석

> 장소를 바꾸는 것은 두뇌를 명석히 하는 데는 도움이 되며, 또 그 같은 장소에서는 자기가 언제나 있는 방과는 느낌이 다르므로, 일상 업무가 아닌 특수 문제에 주의를 쉽게 집중할 수가 있다.

▶ 실천 사항:

이 비어 있을 무렵을 택하고서 지하철을 타보는 것도 좋다. 이것은 어떤 지점에 한 번 갔다오는 사이 그 문제를 생각하겠다는 시간적 제한을 자기에게 과할 수도 있으므로 이중적인 효과가 있을지도 모른다.

날씨가 좋은 날이라면 회사 내의 옥상도 '생각하는 장소'가 될 것이고, 공원의 벤치나 미술관, 또는 박물관도 별로 사람들이 혼잡하지만 않다면 흐트러 버려지지 않은 자기의 시간을 가질 수 있고, 차분히 문제를 생각하는 데 알맞다.

14. 근무 시간 전의 시간 관리법

어떤 비즈니스맨은 이렇게 말한다.

"얼마 전의 일입니다만, 나는 그 때까지의 집무 시간보다도 30분 일찍 출근하여 근무하기로 했습니다. 그 결과 깨닫게 된 일입니다. 그것은 오전 9시까지의 30분간에 듬뿍 일을 할 수 있다는 것입니다. 나는 이 30분간을 평상시의 업무에 관한 일로 사용치 않고, 창조적인 사색 시간으로 충당하고 있습니다."

나는 그 때까지의 집무 시간보다도 30분 일찍 출근하여 근무하기로 했습니다.

▶ 자기 암시:

이 근무 시간 전에 일을 한다는 아이디어를 통근 시간과 연결시켜 활용하는 사람은, 1시간 반쯤 걸리는 도심의 회사에 전철로 통근하는 A씨이다. A씨는 매일 정상 출근 시간보다도 1시간 빨리 자택을 나선다. 이 시간이라면 전철도 충분히 비어 있기 때문에, 차내에서 책을 읽든가, 간단히 메모를 할 수도 있고, 회사에 도착하면 업무 시작까지 1시간의 여유가 있으므로 이 시간에 한 가지 일이건 두 가지 일이건 할 수 있는 것이다.

자신이 차를 운전하여 통근하고 있는 B라는 비즈니스맨도 1시간 빨리 집을 나서는 걸 생활 신조로써 다년간 실행하고 있지만, 이 사람도 A씨와 마찬가지이다. 이 시간이면 도로도 혼잡하지 않으므로 빨리 회사에 닿을 수 있고, 근무 시간 전은 전화가 연신 걸려오는 근무 시간 중에 비하여 2배의 능률로 일을 할 수가 있는 것이다.

15. 집에서의 시간 낭비 방지 방법

우리는 흔히 집에 있으면 나태해지거나 태만해지기

A씨는 매일 정상 출근 시간보다도 1시간 빨리 자택을 나선다.

▶ 실천 사항:

쉽다. 집에서의 시간 낭비를 막으려면 아래 사항에 유념하라.

1) 만일 정말로 일이 바쁜 바쁜 경우라면, 전화가 걸려오든 도어의 벨이 울리든 그것을 무시하라

대개의 사람들은 필요에 따라 효과적으로 스위치를 끄고 있다. 이것은 벨이나 버저의 소리를 무시하는 것보다도 훨씬 효과적이다.

2) 가장 방해가 적다고 여겨지는 시간을 활용할 수 있도록 일의 예정을 세우라

만일 필요하다면 점심 식사를 평상시보다 앞당기든가 늦추든가 하여 통상 식사때가 되어 있는 시간을 충분히 활용하면 좋다.

3) 소음은 사람의 마음을 흩어지게 하는 최대의 시간 낭비자이다

사람은 소음에 익숙해지면 별로 그것에 신경쓰지 않게 되지만, 신체적으로 여러 가지의 나쁜 영향을 받고 있는 것이므로, 소음을 제거하는 방법을 항상 연구해 두는 게 중요하다.

▶ 자기 암시:

4) 수다스런 방문자를 빨리 돌아가게 하는 현명한 방법을 재빨리 발견하라

방문자를 쫓아내든가, 사람이 아직도 그 곳에 있는데 안으로 들어가 버린다는 것은 처음에 어색하게 느껴질지도 모른다. 그러나 우물쭈물하고 있는 일은 시간의 낭비보다 더욱 나쁜 결과를 가져온다. 당신은 그 솔직성 때문에 몇몇의 친구를 잃는 일이 있을지도 모르지만, 그러나 당신이 세운 목적을 달성한 뒤 사람들이 당신의 방식을 마침내 훌륭하다고 이해하여 줄 것이 틀림없다.

16. 꾸물거리는 습관을 없애는 두 가지 방법

제아무리 고생하여 자기만의 시간을 만들었다 하더라도, 그 때에 이르러 재빨리 정신을 시동하지 않고 꾸물거리고 있다면 아무것도 아니다. 무슨 일이고 이룩하기 위해서는 '행동하는 습관'을 몸에 익히도록 하는 것이 무엇보다도 필요하느니만큼, 당신에게 있어 필요한 일은 꾸물거리는 습관을 없애 버리는 것, 정신이 당신

▶ 실천 사항:

을 움직이기를 기다리고 있지 말고, 스스로 정신을 움직이는 궁리를 해 보는 일이다.

그러기 위해서는 다음의 두 가지 연습을 해 본다.

첫째, 단순하지만 무언가 싫은 일이라든가, 가정의 자질구레한 일을 하는 데 있어 기계적 방법을 써보는 것이다. 그 일이 싫다는 등의 생각을 갖지 말고, 우선 그 일에 뛰어들어 꾸물거리지 않고 그것을 해 보는 것이다.

둘째, 다음으로는 아이디어를 생각해 내든가, 계획을 세우든가, 문제를 해결하든가, 그 밖의 고차원인 정신적 작업을 필요로 하는 일을 하는 데도 이 기계적 방법을 써보는 것이다.

정신이 당신을 움직여 주기를 기다리지 않고, 우선 책상을 향해 무언가 해 봄으로써 당신의 정신에 스타트를 거는 것이다. 그러기 위해서는 반드시 특별한 기교를 필요로 한다. 먼저 종이와 연필을 이용하는 것이다. 왜냐 하면 그것이 한 자루 10원의 싼 연필이라도, 그것은 돈으로 살 수 있는 최고의 정신 집중의 도구가 되기 때문이다.

대개의 사람들은 종이 위에 어떤 생각을 쓸 때에는,

▶ 자기 암시 :

그 전 주의력이 쓰는 일에 자동적으로 집중된다. 그것은 정신이란, 어떤 생각을 생각하면서 동시에 그것과 다른 것을 쓸 수 있도록 되어 있지는 않기 때문이다. 그리하여 당신이 종이 위에 그것을 쓰고 있을 때에는, 당신의 마음 위에도 그것을 '쓰고' 있는 것이다. 어떤 생각을 종이에 써보면 훨씬 길게, 훨씬 정확하게 그것을 기억하고 있는 것이 다른 무엇보다도 뚜렷한 증거이다.

또한 일단 정신 집중을 위한 종이와 연필의 기교를 몸에 익히고 나면, 소란스런 가운데에서도, 정신을 흩어지게 하는 어떠한 환경 속에서도 생각할 수가 있게끔 된다. 그러므로 생각하고 싶다 여겼을 때에는 낙서이건 무엇이건 아무것이라도 좋으니, 무언가 종이에 써보는 것이다.

그것뿐 아니라 종이 위에 글을 쓴다는 것은, 자기의 생각을 계통 있게 정리하는 데도 도움이 된다. 자기의 생각을 다만 입에 올려 말하는 데 그치지 않고, 요소요소를 보충하든가, 그림으로 풀이하면서 말할 것 같으면, 자연히 머릿속이 정리되고, 말하는 생각도 조리 있게 되므로 더 이상 좋은 방법이 없다.

내 친구인 경영 평론가는 이 테크닉의 명수로, 그에게 무언가 질문하면 언제나 커다란 메모 용지를 선뜻 꺼내어서 그 위에 종횡으로 휘갈기면서 설명해 주지만,

▶ 실천 사항:

나는 언제나 이 아무렇게나 써 갈긴 용지를 얻어 갖고
서 돌아오기로 하고 있다. 그 까닭인즉, 나중에 그가 이
야기한 것의 내용을 더듬어 나가는 데 아주 편리하기
때문이다.

17. 빨리 일에 착수하는 방법

  앞서 말했던 것처럼, 극히 당연한 것을 말하고 있다
고 생각될지도 모르지만, 일을 시작하는 가장 좋은 방
법은 '어쨌든 시작하고' 볼 일이다. 이것은 당신이 어
떤 일에 종사하고 있던 진리이다.

  어떤 광고 대리점의 한 간부가 이렇게 말해 준 일이
있다.

  "저와 함께 일하고 있는 유능한 아트 디렉터(art
director;영화·텔레비전·미술 감독)는, 일을 시작해야
할 시간이 되면 어쨌든 화판을 세우고 거기에 그리기
시작합니다. 전화를 걸든가, 누군가와 이야기하든가,
커피를 마시러 가든가 하는 일은 결코 하지 않습니다.
그는 오랜 경험에 비추어 종이 위에 무언가의 표식을

일을 시작하는
가장 좋은
방법은 '어쨌든
시작하고'
볼 일이다.

▶ 자기 암시:

하기까지는 어디고 가서는 안 된다는 걸 잘 잘 알고 있는 것입니다."

이 아트 디렉터가 실행하고 있듯이, 어쨌든 일의 본체에 착수할 것, 어쨌든 출발하는 게 일에 착수하는 비결이다. 다음은 그러기 위한 몇 가지의 주의점을 지적하겠다.

1) 마지막으로 하다 남긴 곳부터 일에 착수하라, 이것이 출발에 필요한 추진력을 주게 된다. 그러므로 이 점을 염두에 두고 일을 중도에서 그만둘 때에는 최후의 단락을, 쉽사리 재 착수할 수 있도록 해두는 것이다. 혹은 좀더 잔재주를 부려 일을 중단할 때에는 어떻게 재 착수할 것인지 정해 둔다.

2) 새로운 재료에 착수할 때에는, 어딘가에 자기가 잘 알고 있는 요소가 없는지 찾아본다. 그리하여 만일 그 같은 요소가 있다면 출발점으로써 그걸 이용하는 것이다.

3) 직접 유사점을 어디에서고 찾아낼 수가 없었을 경우에는, 과거의 경험이라든가, 자기가 알고 있는 다른 상황과 비교해 보는 것이다. 그렇게 하면 유추해 버리

어쨌든 일의 본체에 착수할 것, 어쨌든 출발하는 게 일에 착수하는 비결이다. 다음은 그러기 위한 몇 가지의 주의점을 지적하겠다.

▶ 실천 사항:

면 다른 부분은 비교적 간단히 함락되는 법이다.

4) 이 같은 일이 아무래도 불가능한 경우에는 그 문제의 주요점을 찾아내어, 그것에 공격하는 것이다. 일단 주요점을 공격해서 공략해 버리면, 다른 부분을 비교적 간단히 함락되는 법이다.

5) 마지막으로, 만일 아무래도 논리적인 방식이 발견되지 않을 경우에는 어디서부터라도 좋으니까, 어쨌든 자기가 착수할 수 있다고 생각되는 데에서부터 시작하는 것이다.

이 밖에도 일에 착수하기 쉽게 하기 위해서는 일의 환경을 정리해 둔다든가, 주위에 신경을 건드리는 것을 없앤다는 배려도 필요하지만, 그러나 가장 중요한 일은 그와 같은 것이 아니다. 그것은 일에 착수하겠다는 '의욕' 이다. 신문사의 소란스런 분위기 속에서 원고를 쓰는 신문 기자나, 북적거리는 증권 회사의 사무실에서 일을 하는 영업부원을 보라! 인간이란 것은 주위의 소란스러움을 자기의 마음에서 셧아웃시킬 수 있을 만큼, 자기의 일에 몰두할 수가 있는 법인 것이다.

일단 주요점을
공격해서
공략해 버리면,
다른 부분을
비교적 간단히
함락되는 법이다.

▶ 자기 암시:

18. 정신을 집중하는 방법

출발을 잘 하는 것이 일을 잘 하는 제1보이지만, 일하는 도중에 주위를 옆으로 빗나가게 하는 여러 가지 위험을 만나는 일도 생각될 수 있다. 그것들은 당신 자신이 정신을 흐트리게 함으로써 생기는 일도 있을 것이고, 아니면 외부의 자질구레한 일이 원인일 수도 있을 것이다. 또 정신적·육체적인 에너지의 쇠약에서 오는 일도 있을 것이고, 흥미의 상실에서 오는 일도 있을 것이다.

그렇다면 우선 다른 것을 얼씬 못 하게 하는 습관부터 기르자. 그러자면 환경을 정비해 두는 게 아무래도 필요하다. 집중에는 객관적 자극도 간과할 수 없다. 한창 어떤 테마에 정신을 집중하고 있는데, 이웃에서 라디오나 텔레비전 소리가 들려온다면 누구라도 정신의 집중이 어려워진다. 또 책상 위나 그 주위를 깨끗이 정리해 두어야 한다. 정리 정돈과 같은, 눈에서 들어오는 자극도 집중에 커다란 영향을 미치기 때문이다.

▶ 실천 사항:

일하는 도중에 주위를 옆으로 빗나가게 하는 여러 가지 위험을 만나는 일도 생각될 수 있다.

둘째로는 정신을 흩어지게 하는 일은 해치워 두어야 한다. 이를테면 내일까지 완성시켜야 할 일을 한쪽에 갖고 있으면서, 무언가 다른 일에 정신을 집중하려 해도 무리한 이야기이다. 그러므로 이 같은 '정신에 쓰이는 일'은 되도록 빨리 해치워 버리는 게 정신 집중에 도움이 되는 것이 된다.

셋째로, 일의 마감 시간을 정해 두는 것도 정신 집중에 크게 도움된다. '언제라도 좋다'는 것은 '언제까지나 못 한다'는 것과 같다고 하겠다. 그러므로 언제까지 한다는 일의 목표 날짜나 시간을 정하고 자기 자신을 그 속에 몰입시킴으로써 정신적 흥분을 불러일으키고 집중에의 에너지를 증대시키는 것이다.

넷째로, 이것은 정신 집중의 가장 근본적인 면인데, 그것은 앞서 풀이했듯이 그 일에 흥미와 관심을 품는다는 것이다. 아무리 정신을 집중하려 해도 전혀 흥미와 관심을 가질 수 없는 사항에는 집중을 시킬 수가 없다. 이것과 반대로 어떤 활동에 흥미를 갖고서 열중한다면 능력도 차츰 향상되고 정신 집중의 힘도 역시 깊어지는 법이다. 어쨌든 '할 의욕이 없음'이 정신 집중의 큰 적임을 잘 기억해 둘 일이다.

또 자기 혼자서 노력할 게 아니라 외부의 도구라든가, 지원에 의해 당신의 노력을 뒷받침해 주는 것도 집

▶ 자기 암시:

중력을 늘리는 데 도움된다.

그리고 다음 네 가지도 필히 기억해 두자.

첫째, 당신이 비서를 쓰고 있다면, 그가 당신을 방해되는 요건에서 지켜주든가, 마감 날짜를 생각나게 하든가, 정신이 흐트러지는 것을 막든가 하는 데 도움이 될 것이다.

둘째, 집에 있을 때에는, 가족 전체가 당신이 중요한 일을 하려고 생각했을 때의 원호에 힘쓰지 안으면 안 된다.

셋째, 회의가 시작된다든가, 환자가 온다든가, 그것이 완성되기를 기다리고 있는 사람이 있다든가 하는, 피할 도리가 없는 외부 사정을 만들어 두고 자기를 자극하는 것도 좋다.

넷째, 남과 함께 일을 하는 조직을 만드는 것도 정신 집중에 도움이 된다. 단 변태스런 사람과는 손잡지 말아야 한다.

남과 함께
일을 하는 조직을
만드는 것도
정신 집중에
도움이 된다.

▶ 실천 사항:

19. 일에 흥미를 갖는 방법

특히 장시간을 요하는 일인 경우에는, 비록 그것이 흥미 있는 일이라 하더라도 자칫 주위가 산만해지기 쉬운 법이므로, 그것을 피하자면 언제까지나 흥미를 잃지 않고 일을 계속하는 약간의 기교를 쓸 필요가 있다. 예컨대 다음과 같은 시도를 해 본다.

첫째, 그 일을 다른 각도에서 바라보라. 어떤 면에서는 당신의 흥미를 끌 수가 없더라도 같은 일에 흥미 깊은 다른 일면이 발견되는 일도 있다.

둘째, 마음 속으로 지금의 일이 그 일부분인 좀더 큰 일의 이미지를 만들어 보라. 이를테면 지금 하고 있는 일이 회사의 다른 사람이 하고 있는 일과 합해져서, 하나의 커다란 프로젝트가 되어 가는 광경을 심중에 그려 보는 것이다.

셋째, 노력의 최종 성과에 관해 생각하고 달성했을 때의 만족을 떠올려 보라.

넷째, 그 일에 어떤 성공의 척도를 마련해 보라. 질이

그 일을
다른 각도에서
바라보라.
어떤 면에서는
당신의 흥미를
끌 수가 없더라도
같은 일에
흥미 깊은
다른 일면이
발견되는
일도 있다.

▶ 자기 암시:

라든가, 스피드라든가, 정확성과 같은 것으로 자기 자신에게 도전해 보는 것이다.

또한 무엇보다도 진정코 자신의 정신을 집중할 수 있는 인간이 되기 위해서는, 그것을 자기의 '생활 방식'으로 동화시킬 필요가 있다. 왜냐 하면 자기를 억누르는 대신 오래도록 계속되는 습관으로써 몸에 배이도록 하는 것이기 때문이다.

20. 편안히 휴식하는 방법

앞장과 같은 순서에 의해 정신 집중할 수가 있다 하더라도, 사람에 따라 장단(長短)은 있지만, 정신의 집중에는 한도가 있다. 대부분의 사람들은 2시간이나 정신을 긴장시키고 있으면 몸이 피로하든가, 정신이 흐트러지든가 하는 법이다.

그러므로 일을 계속하기 위해서는 현명하게 대책을 세워 자기만의 편안한 휴식법을 계발하여 휴식하는 방법도 생각해 두는 편이 좋다.

일을 하고 있을 때의 정신 상태와 축전지의 활동과의

일을 계속하기 위해서는 현명하게 대책을 세워 자기만의 편안한 휴식법을 계발하여 휴식하는 방법도 생각해 두는 편이 좋다.

▶ 실천 사항:

사이에는 약간의 유사점이 있다고 하겠다. 비교적 단시간 사용하면, 축전지는 수명이 다 할 때까지 쉴새없이 사용된 경우보다 훨씬 많은 출력을 내는 법이다. 일을 하고 있을 때의 정신에도 출력과 입력이 쉴새없이 되풀이될 필요가 있다.

우리들은 누구라도 자기의 페이스와 노력의 지속 시간을 두어야 한다. '김'을 빼지 않고서 휴식을 하자면 다음과 같은 방법이 있다.

첫째, 같은 일의 다른 면, 이를테면 노트를 베낀다든가, 자료를 정리하는 따위의 별로 적극적 사고력을 필요로 하지 않는 일을 한다.

둘째, 잠시 아무 생각 없이 있는 동안에 커피를 마신다든가, 주위의 화초 따위의 식물을 보든가 한다. 또 다른 사람과 잡담을 한다든가, 별로 사고력이 필요치 않은 가벼운 일을 하는 것도 좋다.

셋째, 집에서 일을 하고 있을 경우라면 잠시 눈을 붙인다든가, 산책을 하든가 한다.

우리들은
누구라도
자기의 페이스와
노력의 지속
시간을
두어야 한다.

▶ 자기 암시:

21. 당신 자신이 만드는 일의 방해 방지법

일상 생활을 하다보면 가끔씩 우리들은 무의식 중에 스스로 자기가 하는 일에 방해를 하고 있는 일도 있다. 이를테면 다음과 같은 일인데, 이것을 없애기 위한 방책도 아울러 적어 두겠다.

1) 문득 떠오르는 아이디어나 착상으로 인해 흔히 정신이 흐트러지는 일이 있지만, 이런 것을 피하기 위해선 메모 용지를 언제나 자기 옆에 준비해 둔다. 그런 뒤에야 하던 일이 끝나면 천천히 그 생각을 발전시키면 된다.

2) 자료 찾기도 일의 커다란 방해이다. 이런 번거러움을 피하기 위해선 계통적으로 자료를 파일해 두든가, 일을 하기 쉽도록 파일링 시스템을 만들어 두는 것이 좋다. 또 서류철·종이집게·스크랩북 따위도 사용하라. 또한 이것들을 최신 유행의 것으로 해두라. 그리고 매일의 일이 끝나면 모든 자료를 본래의 장소에 되돌려

문득 떠오르는 아이디어나 착상으로 인해 흔히 정신이 흐트러지는 일이 있지만, 이런 것을 피하기 위해선 메모 용지를 언제나 자기 옆에 준비해 둔다.

▶ 실천 사항:

놓도록 한다.

3) 미처 자기가 깨닫지 못하는 사이 누군가 당신에게 책임을 전가하든가, 정규(正規)의 수속을 거치지 않고 당신한테 직접 용건을 가져오든가 하여, 그 때문에 정신이 흐트러지는 일이 있다. 이러한 사람에 대해서는 가차없이 철퇴를 가한다. 그와 같은 일을 절대로 못 하도록 만들어야 한다.

22. 윗사람에 의한 일의 방해 방지법

자신이 아무리 노력해도 처리하기 힘든 방해는 당신의 윗사람에 의한 방해이다. 한 예를 보자. 방문객이 있으면 반드시 부하를 함께 앉히고 2인조로 응대하는 버릇이 있는 부장이 있는데, 이 부장은 자신의 지위를 상대에게 과신하는 버릇이 은연중에 가지고 있는지 모르지만, 이와 같은 부장은 부하에게 중요한 일이 있다는 걸 망각하고 있는 것이다.

이러한 사례는 우리 주변에서 쉽게 찾아볼 수 있는

자신이 아무리 노력해도 처리하기 힘든 방해는 당신의 윗사람에 의한 방해이다.

▶ 자기 암시:

데, 절대 삼가야 할 일이다.

윗사람의 방해를 배제하고 시간을 낭비하지 않기 위해서는 다음의 네 가지 비결을 실행하도록 하자.

첫째, 접촉을 정기적으로 해야 한다. 윗사람에 대한 보고서의 제출이나 접촉을 되도록 조직화한다. 그렇게 하면 윗사람 쪽에서도 늘 당신의 시간을 방해하는 일이 없게 될 것이다.

둘째, 윗사람과 의논하여 자기의 예정표를 만들어라. 이를테면 이것은 심리 작전이다. 윗사람이 당신의 주요 업무를 달성시키고 싶다 생각한다면, 당신의 예정표를 어긋나게 하는 방해 따위는 하지 않게 될 것이다.

셋째, 당신의 예정표를 윗사람의 예정표와 동조(同調)시켜라. 일의 종류에 따라 당신의 예정표를 윗사람과 동조시킨다면, 당신에 대한 방해는 상당히 줄게 될 것이다.

넷째, 회사 밖의 일터를 이용하라. 중요한 일을 해야만 할 텐데 아무래도 방해가 있게 되리라고 여겨질 때에는, 회사와 떨어진 장소로 가서 일을 처리하는 게 현명한 방법이다.

일의 종류에 따라 당신의 예정표를 윗사람과 동조시킨다면, 당신에 대한 방해는 상당히 줄게 될 것이다.

▶ 실천 사항:

23. 아랫사람이나 동료에 의한 일의 방해 방지법

아래의 질문에 대해서 '예'라고 대답할 수가 있다면, 당신은 이미 아랫사람이나 동료로부터의 일 방해를 꽤나 효과적으로 방지하고 있는 것이 된다.

1) 매일 일정한 시간에 동료나 아랫사람으로부터의 질문에 대답하도록 하고 있는가?

2) 동료나 아랫사람에 대해서 직접 면담하는 것보다 메모를 활용하도록 장려하고 있는가? 그런데 이 메모는 반드시 장황한 내용으로 할 필요는 없다. 간결한 몇 줄의 글이 오히려 문제의 핵심을 찌를 수가 있기도 한다는 것을 명심하자.

동료나
아랫사람에
대해서 직접
면담하는 것보다
메모를
활용하도록
장려하고 있는가!

3) 동료나 아랫사람의 연락에 대해서 충분한 책임과 권한을 넘겨서 맡기고 있는가?

이상으로 부하로부터의 방해를 상당히 배제할 수 있

▶ 자기 암시:

게 되면 동료로부터의 일 방해를 막는 데에도 더욱 외교적인 수완을 동원해야 한다. 이를테면 다음의 방법이라면 효과적이다.

첫째, 서로 이야기하고서 미리 정한 시간 또는 정기적으로 필요한 접촉을 하도록 계획을 세워라. 그 이야기는 물론 면담하지 않으면 알 수 없는 것에 국한시켜야 한다. 왜냐 하면 어떤 문제라도 긴급한 것이라 생각하고 곧 달려오는 사람이 있기 때문이다.
둘째, '사내(社內)를 방황하는 사람'이 되지 말아라.

24. 방문자를 능숙히 처리하는 방법

빠듯한 당신의 시간을 방해하는 요인으로써는 이 밖에도 외부로부터의 방문자가 있다. 여기서 문제점은 당신을 방문하고 싶다 생각하는 사람은 누구라도 방문의 이유와 사정을 갖고 있는 법이다. 당신은 그렇게 생각한다면 방문자의 요망에 대해서 너그럽지 않으면 안 된다고 하겠으나, 한편 자기의 일할 시간에 대해서도 생

▶ 실천 사항:

서로 이야기하고서 미리 정한 시간 또는 정기적으로 필요한 접촉을 하도록 계획을 세워라.

각지 않으면 안 된다.

그렇지 않으면 뜻밖의 성가심을 받아 생활의 리듬을 깨뜨리게 될지도 모른다. 말을 바꾸어서 말한다면, 방문자의 취급에 있어 적당한 밸런스를 잡지 않으면 안 된다는 것이다.

방문자와의 관계를 능숙히 처리하는 데는, 여하한 변명으로 '기피'를 잘 하느냐가 포인트가 된다. 그것은, 우선 면접 자체의 기피부터 시작한다. 자기에게 있어 별로 의미가 없는 방문이면, 어떻게든지 상대방의 감정을 상하지 않는 방법으로 그것을 거절하는 게 최상의 수단이다.

그런데도 만나지 않을 수 없는 경우에는 미리 용건과 소요 시간 등을 받아놓도록 함으로써 이 문제를 어느 정도 처리할 수 있는 셈인데, 그 경우라도 면접이 효율적으로 행해지게끔 능숙히 처리할 필요가 있다. 그러기 위해서는 당신이 면접을 리드해야 한다. 이야기 상대가 샛길로 벗어나지 않도록, 대화의 방향을 온화하게 규제하는 것이다.

대화가 효과를 얻지 못하는 이야기였다면, 그것을 좀 더 의의 있는 이야기로 돌리기 위해 질문을 해 본다. 대화가 옆길로 벗어날 것 같으면 넌지시 주의해 준다. 말 상대가 이야기를 하는 가운데 경우에 맞지 않는 소리를

방문자와의 관계를 능숙히 처리하는 데는, 여하한 변명으로 '기피'를 잘 하느냐가 포인트가 된다.

▶ 자기 암시:

꺼냈다면 자기의 생각을 강제하는 일 없이 바람직하고 논리적인 방향으로 상대를 이끌어 나가는 것이다.

그럼에도 불구하고 방문자가 돌아갈 생각을 않고서 꾸물거린다면, 다음에 열거하는 몇 가지 방법을 사용하여, 당신 쪽에서 면접을 끝내게 하지 않으면 안 된다. 이 중의 어느 것을 사용할 것인지는 그 때의 상황 판단에 의해서이리라.

첫째, 간추림, 또는 결론적인 의견을 말한다.

둘째, 세상 이야기로 화제를 돌리고 용건을 잘라 버린다.

셋째, 손목시계나 벽시계를 본다.

넷째, 지루해 지쳤다고 하는 눈치를 보인다.

다섯째, 일어선다.

여섯째, 방문자를 문이 있는 곳으로 데리고 간다.

일곱째, 방문자가 지껄이는 걸 무시하고 서류를 꺼내어 읽는다.

여덟째, 다른 사람에게 부탁하여, 면회인이 기다리고 있다는 말을 전갈토록 한다.

아홉째, 좀 단호한 태도를 짓고 바쁘다는 뜻을 나타낸다.

열째, 시간이 한정돼 있다는 것을, 처음부터 혹은 대

▶ 실천 사항:

대화가 효과를 얻지 못하는 이야기였다면, 그것을 좀더 의의 있는 이야기로 돌리기 위해 질문을 해 본다. 대화가 옆길로 벗어날 것 같으면 넌지시 주의해 준다.

화가 끝나갈 무렵에 방문자에게 알린다.

　이 때에도 물론 당신 쪽에서 불필요한 대화는 절대로 끌어내지 말아야 한다. 하루에 6명꼴로 5분씩 면회한다면, 1주일에 3시간이나 된다는 점을 분명히 기억해 두기 바란다.

당신 쪽에서
불필요한 대화는
절대로 끌어내지
말아야 한다.

▶ 자기 암시:

제2장

단 일 초도 낭비할 수 없는
시간표 작성법

1. 시간표는 왜 필요한가

"아침마다 하루의 사무 예정을 세우고 그대로 실행하고 있는 사람은 시간을 유효하게 쓰고 있는 사람이다. 하지만 계획도 없이 그저 닥치는 대로 해나가고 있는 사람은 오직 혼란만을 겪을 뿐이다."

이 말은 단지 경영 컨설턴트라든가, 시간 연구의 엑

아침마다 하루의 사무 예정을 세우고 그대로 실행하고 있는 사람은 시간을 유효하게 쓰고 있는 사람이다.

▶ 실천 사항:

스퍼트(expert;숙련자 · 전문가)가 하는 말이 아니다. 19세기의 유명한 작가이며 프랑스의 대문호인 빅토르 위고가 한 말이다. 플랜이니 스케줄이니 하는 말이 오늘날처럼 일반의 사람들 입에 오르기 전에 이미 이와 같은 말은 옛날부터 되풀이되며 일컬어져 왔던 것이다.

이러한 말을 구태여 여기에 끄집어낸 이유는 플랜이라든가, 스케줄이라든가 하는 일이 시간을 절약하고 일의 능률을 올리는 데 있어 극히 중요하다는 걸 지적하고 싶기 때문이다.

그렇다면 플랜과 스케줄은 어떻게 다를까?

플랜이란 일에 관한 온갖 것을 장기간에 걸쳐 내다보는 것이지만, 스케줄이란 현재의 문제, 이를테면 내일이나 내일 모레의 일을 어떻게 처리할 것인가 하는, 매일매일의 계획이다.

세상에는 일이 너무 많다고 불평하는 사람이 많지만, 그와 같은 사람들의 대부분은 이 스케줄을 만드는 데 서투른 사람들이다. 일상의 일을 정리도 않을뿐더러 시시한 일까지 떠맡고서 그 일에 억눌리고 있는 것이다.

사람은 어느 누구라도 자기가 하고 있는 일은 시시하다고 여기고 싶어하지 않는 법이지만, 객관적으로 본다면 시시한 일인지 아닌지 곧 알 수 있다. 남이 쓸데없는 일을 하고 있다는 점을 곧 깨닫는 것과 마찬가지이다.

▶ 자기 암시:

자기의 일의 방식을 객관적으로 보는 하나의 방법은, 자기의 일을 꼭 필요한 것과 그리 필요치 않은 것으로 나누어 보는 일이다. 그리고 저마다의 일에 얼마만큼의 시간을 쓰고 있는지 조사해 본다. 그렇게 하면, 별로 필요치도 않은 일을 하고 있는 데 두 가지 이유가 있다는 걸 깨닫는다. 즉,

첫째, 그 일이 좋으니까 하고 있다.
둘째, 그 일이 싫기는 하지만 버릇이 되어 하고 있다.

가령 말하자면, 데스크 워크를 좋아하는 사람은 달리 해야만 할 좀더 중요한 일이 있는데도 불구하고, 언제 까지나 데스크 워크에 열중하고 있다. 좀더 요령 있게 스케줄을 작성하고 넘겨받을 수 있는 일을 받아두면, 한 시간이나 두 시간쯤은 거뜬히 여유를 가질 수 있을 텐데도 그렇지 못하다.

스케줄을 작성하는 가장 간단한 방법은, 그 날 해야 할 일을 남김없이 리스트 업(list up ; 일람표를 작성하기, 명부에 올리기)하고 그것을 책상 위에 붙여 둔 다음, 일 이 끝나면 그 때마다 선을 그어 그 리스트를 지워 가는 방식인데, 이 방식뿐이라면 너무나도 원시적인 방식이 라고 할 수 있을 것이다. 그럼 다음 장부터는 좀더 스케

▶ 실천 사항:

줄 작성의 문제점을 생각해 보기로 하자.

2. 일에 낭비를 없애는 방법

훌륭한 스케줄을 만들기 위해서는 앞에서 말했듯이, 먼저 당신의 일을 다시 한 번 재검토해 볼 필요가 있다.

이 일은 내가 하지 않아도 괜찮지 않을까? 만일 내가 한다고 하면, 보다 적은 시간으로 하자면 어떻게 해야 좋을까?

이러한 의문에 대해서 대부분의 사람들은 자기가 모든 일을 최소의 시간으로 하고 있다고 대답할 것이다. 그러나 잘 생각하기 바란다. 과연 정말로 최소의 시간으로 하고 있을까?

이를테면 당신이 심장병으로 하루 중 4시간밖에 일을 할 수가 없다고 가정한다면, 이제까지의 일의 방식을 어떻게 개선해 나갈까? 또는 이제 일은 할 수 없다고 단념해 버릴까?

만일 당신이 영업부원이라면, 당신의 가장 중요한 일은 구매 예상객을 만나 판매의 상담을 해야 한다. 따라

▶ 자기 암시:

서 당신은 4시간이라는 이 귀중한 시간을 전부 이 일에 충당시킬 것이다.

그리하여 보고서를 작성한다든가, 기록을 한다든가, 편지를 쓰는 따위의 데스크 워크는 여자 사원의 조력을 받기로 하고, 전화로 끝낼 수 있는 용건은 되도록 전화로 끝내기 바란다. 그리고 회의라든가, 연회 등등에는 출석하지 않거나 횟수를 줄이도록 연구하라. 그러면 자연스레, 자기가 아니면 안 될 일에만 그 귀중한 시간을 쓰게 될 것이다.

3. 하루의 시간표 작성법

크게 나누어 시간을 활용하는 방법은 두 가지밖에 없다. 한 가지는 하지 않아도 좋은 일을 제거해 버리는 것과, 또 다른 한 가지는 해야 할 일은 어쨌든 악착같이 하는 것이다.

자기의 업무 어딘가에 낭비가 있음을 발견했다면, 다음은 중요한 업무를 중심으로 하루의 업무 스케줄을 마련하지 않으면 안 된다.

▶ 실천 사항:

전화로 끝낼
수 있는 용건은
되도록 전화로
끝내기 바란다.

하루의 스케줄을 마련할 경우에는 당신 자신의 상황과 기질에 의해 그 방식이 크게 좌우되는 것이긴 하지만, 일반적으로 효과적인 방법은 다음과 같은 일곱 가지 순서를 밟아나가는 것이 현명하다.

1) 먼저 중요한 사건을 중심으로 하루의 스케줄을 마련한다

활동의 주안점이 되는, 또는 전략적으로 중요한 활동이란 게 있는 법이다. 그러므로 일의 진행은 이 중요한 활동을 중심으로 행해지지 않으면 안 된다.

외부 출장 때는 해야 할 일이 상당히 많으며, 또 만나야 할 사람이 많은 법이므로, 중심이 되는 것을 우선 맨 먼저 해치우기로 하고, 교통의 혼잡이나 불시의 사건 등을 고려하여 그것을 하기 전의 스케줄에 상당한 여유를 두는 게 필요하다. 이 중요한 사항에 대해서는 다른 플랜이 모두 부차적인 것이 된다.

2) 그 날 가장 먼저 해야 할 일의 스케줄을 세운다

모든 일을 다 먼저 하기란 불가능한 것이므로, 우선 다음과 같은 점을 우선적으로 해둔다.

첫째, 다른 사람에게 일을 나누어 주어라.

둘째, 정신적 · 육체적 에너지가 최상의 컨디션을 필

활동의 주안점이 되는, 또는 전략적으로 중요한 활동이란 게 있는 법이다. 그러므로 일의 진행은 이 중요한 활동을 중심으로 행해지지 않으면 안 된다.

▶ 자기 암시:

요로 하는 창조적인 일을 하라.

셋째, 그 날 중으로 해야만 하는 것인데, 방해된 일이 생겨 중단되어선 안 될 일을 하라.

3) 관련된 일을 모두 한꺼번에 모두어 해치운다

자질구레한 일은 하나로 뭉뚱그려서 해 버린다. 이 때는 일에 리듬과 기세를 첨가시켜서 하는 것이다. 그렇게 함으로써 이와 같은 일로 당신에게 협력해야만 할 사람들의 시간도 절약되며, 그러기 위해 필요한 도구라든가, 조력 같은 것도 중단하지 않고서 계속적으로 이용할 수가 있다. 이를테면 편지류는 일괄해서 한 번에 써 버린다. 방문자도 되도록 한꺼번에 차례로 만나도록 한다. 읽어야 될 것도 종합적으로 재빨리 훑어본다.

4) 에너지 커브에 일을 맞춘다

에너지 커브(energe curve;활력 곡선)는 사람에 따라 다르지만, 오전 중은 대개의 사람이 정력이 충실되어 있는 시간이다. 그러므로 이 시간이야말로 가장 도전적이고 가장 창조적인 일에 충당시키는 것이다. 회의라든가, 인터뷰를 위해 정신 상태를 예민하게 해두고 싶다면, 이 시간을 그것에 충당시키면 좋다.

이와 반대로 틀에 박힌 일이라든가, 중요치 않은 일

자질구레한 일은 하나로 뭉뚱그려서 해 버린다. 이 때는 일에 리듬과 기세를 첨가시켜서 하는 것이다.

▶ 실천 사항:

에는 이와 같은 시간을 할당하지 않는 것이다. 정신적·육체적으로 당신의 일이 다운되려 할 때에는 보다 수동적인 일로 바꾼다. 정해진 일을 한다든가, 잠깐 쉬든가 하는 것이다.

5) 어느 일에나 충분한 시간을 잡아둔다

최대한 일의 능률을 올리기 위해서는 다소 무리한 스케줄을 짜는 편이 좋은 일도 있지만, 맡고 있는 일의 마무리를 해야만 할 경우에는 그것을 성공시키기 위해서 충분한 노력을 기울여야만 하므로, 하루의 일과 속에 너무 많은 일을 짜넣는 건 피하는 게 좋다. 이것저것 가리지 않고 무엇이든지 하려고 했다가 애쓴 보람도 느끼지 못하는 일이 되지 않도록 하는 게 긴요하다.

6) 스케줄에 없는 일을 하고 싶다는 심정을 억제한다

열심히 어떤 일을 하고 있는 동안에 별안간 전화를 걸고 싶다든가, 누군가를 불러 무엇을 시키고 싶은 느낌이 생기는 일이 있다. 그러나 그것이 그 때 곧 필요치 않은 것이었다면, 나중에 좀더 적당할 때에 그것을 하기 위해 메모라도 해두면 그만이다.

7) 면접 시간을 조절한다

▶ 자기 암시:

　방문을 받았을 경우이거나, 자기가 방문했을 경우라도 면접은 시간 낭비의 큰 원인이 되기 쉬운 것이므로, 면접 시간은 특히 신경을 쓰지 않으면 안 된다. 또한 용건이 10퍼센트도 해결되지 않았는데, 예정된 시간은 나머지 10퍼센트밖에 남아 있지 않는 입장에 놓이는 일도 있다. 그러므로 당신을 위해서도, 방문자를 위해서도 시계에 주의하면서 대화의 페이스를 잘 감시해야 한다. 군말을 피하고 되도록 빨리 이야기를 본 줄거리에 되돌려야 한다.

　그러기 위해서는 남에게 미리 부탁해 둔다든가, 무언가 다른 용구를 사용해서 예정 시간이 끝나게 되었다면, 당신과 방문자인 쌍방에게 경고하는 연구도 필요할 것이다.

　어쨌든 미리 예정된 용건으로 누군가 당신을 방문했을 때에는, 면회를 너무 오래 끌게 하는 듯한 예정밖의 용건을 꺼내는 일은 삼가도록 부탁하는 편이 좋다. 만일 필요하다면,

　"다른 날 다시 만나서 이야기합시다."

　하고 분명히 말하는 것이다.

　물론 긴급한 경우도 있을 것이고, 예약 없이 누군가 돌연 찾아오는 일도 있을 것이다. 긴급한 경우는 당신의 스케줄을 조정해야만 되는 셈인데, 갑작스런 방문객

군말을 피하고
되도록 빨리
이야기를
본 줄거리에
되돌려야 한다.

▶ 실천 사항:

이고, 그것도 도저히 그것에 시간을 쪼갤 수 없는 경우
라면, 좀더 두 사람에게 형편 좋은 시간을 내어,
"다시 만납시다."
하고 정중히 거절하고서 돌아가게 하는 것이다.

4. 시간표를 작성하는 데 있어서의 기타 주의점

시간표를 작성하는 데 있어서의 기타의 주의 점은 다
음과 같다.

첫째, 완전한 일의 계획을 전부 포함시킨 시간표를
우선 작성해 보고, 그것을 전부 해내자면 얼마만큼의
시간이 걸리는지 생각해 본다.
둘째, 회사에서도 밖에서도 남과 만날 약속을 분명히
해둔다.
셋째, 큰일이나 꽤 까다로운 일은 월요일이나 화요일
의 오전 중에 하도록 한다. 왜냐 하면 주초(週初)이므
로 활기에 넘쳐 있고, 시간적으로도 여유가 있기 때문
이다.

▶ 자기 암시:

넷째, 상대를 필요로 하는 일은 하루 중 되도록 빠른 시간에 끝낸다. 왜냐 하면 일의 의논이나 거래 따위는 그 사람과 바로 만나지 못하면 하루가 꼬박 헛되게 지나는 일이 있기 때문이다.

다섯째, 같은 성질의 일은 계속해서 하도록 한다면 상당한 준비 기간이 절약된다. 이를테면 불필요하게 여기저기 돌아다니는 시간의 낭비가 절약되는 셈이다.

여섯째, 동시에 이따금 방향을 돌려 신경을 쉬게 하는 일도 필요하다. 또 어려운 일의 사이사이에는 골머리 아프지 않은 쉬운 일을 끼어넣어 기분을 푸는 것도 필요하다.

일곱째, 그리고 하루가 끝났다면, 10분간이라도 좋으니 다음날의 '스케줄을 검토하고, 그 일의 순서를 머리에 넣어둔다.

5. 일을 율동적으로 처리하는 방법

일을 능률적으로 하자면 율동적으로 처리하는 것도 중요하다.

▶ 실천 사항:

숙련된 목수나 미장이나 토공(土工) 등 그들의 일하는 모습을 보고 있으면 일이 능숙한 사람일수록 신체가 일정한 규칙에 따라 부드럽게(율동적) 움직이고 있다는 것을 알게 된다. 두뇌적인 일을 할 경우의 멘털리듬(mental rhythm;정신적 리듬)도 이와 똑같은 이치이다. 하지만 능률이 나쁜 사람은 무언가를 시작해도, 완전히 끝을 내기 전에 엉거주춤 다른 것에 손을 대든가 하여 일에 조금도 리듬이 없다.

그러므로 어떤 시간은 그 일에만 열중하도록 한다면, 저절로 그 일에 율동감이 생겨나 능률이 오르는 법이다. 그렇다고 무작정 몰두해서 일을 하라고 하는 건 아니다. 어려운 일을 단숨에 하려고 하는 것은, 마치 레이스 중에 홈 스트레치(home stretch;직선 코스)를 일직선으로 달리는 것과 마찬가지로서 호흡이 뒤따르지 못한다. 거리가 긴 경우에는 도중의 스피드를 조절해야만 하는 것이다.

그것에는 좋은 방법이 있다. 3시간 일을 했다면 10분간 일에 변화를 주도록 하는 것이다. 그렇다고 일에 변화를 준다고 해서 꼭 쉰다는 뜻은 아니다. 기분 전환에 도움이 될 만한 다른 일을 하는 것이다. 적당히 기분을 바꿔가면서 일을 하고 있으면, 사고력이 슬럼프에 빠지는 일이 없다.

▶ 자기 암시:

6. 업무 능률을 올리는 색다른 계획법

적은 시간으로 보다 많은 일을 해야 할 때가 가끔씩 있다. 이 때는 30분이나 1시간쯤의 과외 시간이 필요하다. 그러한 때에는 무계획으로 일을 하면 일의 진행이 풀리지 않아서 잘 되지 않는다. 이런 때 현명한 사람은 다음과 같이 하여 이 문제를 해결한다고 말한다.

"나는 몹시 바쁜 날에는 아침 식사를 좀 넉넉히 먹고, 점심 식사 시간을 오후 3시까지 늦춥니다. 이렇게 하면 6시간은 일에 전념할 수 있습니다. 점심때의 혼잡한 식당에 들어가는 헛된 시간도 절약할 수 있습니다. 또 점심 식사 전후에는 전화도 걸려오지 않고, 그 밖에 번거로운 일도 없기 때문에 일에 전념할 수 있는 절호의 찬스입니다."

점심 식사를 넉넉하다 싶게 들고, 오후 8시나 9시경까지 저녁 식사를 들지 않는 방법도 있다. 그렇게 하면 남들이 돌아간 조용한 사무실에서 마음껏 일을 할 수가 있다.

선전 관계의 일 따위 창조적인 일을 하는 사람 중에

▶ 실천 사항:

는 되도록 밤일을 하게끔 일과표를 짜는 사람도 있다. 오후 1시에 출근하여 5시까지 일한다. 이 동안에 편지의 답장을 쓰든가, 서류를 검토하든가, 회의에 출석하든가, 남과 만나든가 하는 셈이다. 그러고 나서 6시부터 9시까지의 3시간은 사람이 돌아간 조용한 사무실에서 자기 본래의 창조적인 일을 하는 것이다.

7. 시간표에 의한 능률 올리기 방법

시간표에 의한 능률 올리기의 좋은 방법은, 좀 무리한 시간표를 만들어 두고, 보통이라면 좀 오래 걸리는 일을 이 시간에 밀어넣도록 한다.

내가 알고 있는 편집자는 이렇게 말한다.

"수년 전, 나는 하루를 15분씩으로 잘라 나누고, 그것을 기준 삼아 일을 하도록 했습니다. 그랬더니 그 때까지 20분 내지 25분 걸렸던 일을 15분으로 마칠 수 있어서, 나는 하루를 1시간, 혹은 그 이상 늘릴 수가 있었습니다. 지금은 그런 시간표를 만들지 않는데, 그것은 이 같은 일의 방식이 내게 완전히 습관이 되어 버려

시간표에 의한
능률 올리기의
좋은 방법은,
좀 무리한
시간표를
만들어 두고,
보통이라면
좀 오래 걸리는
일을 이 시간에
밀어넣도록 한다.

▶ 자기 암시 :

그 필요성이 없어졌기 때문입니다."

이 방식을 따를 경우, 처음에는 시간을 좀 큼직하게 자르고, 그 시간 내에 일을 스피드 업할 수 있다면, 그 다음은 그 시간 구분을 좀더 단축시켜 보는 것인데, 시간이란 이상한 것이어서 조이면 조이는 대로 그 시간 내에 일을 할 수 있는 것이다.

물론 〈하루의 시간표 작성법〉 항목에서도 말했던 것처럼 언제나 스케줄을 가득 채워 둘 수는 없는 것이고, 바람직한 일도 아니다. 어느 일이든 충분한 시간을 잡아두고 무엇이고 닥치는 대로 하겠다는 건 삼가야 할 것이지만, 시간의 가치를 재인식한다는 점에서는 이 방식도 의의가 있는 셈이다.

8. 시간표대로 실행한다

업무의 목록(일람표)을 만들면 일을 합리적으로 순서껏 할 수 있을 뿐 아니라, 매우 시간 절약이 된다.

어떤 회사 간부의 책상 위에는 매일 아침 독특한 스케줄 표가 놓여진다. 그리하여 그 날로 끝나지 않는 일

시간이란
이상한 것이어서
조이면 조이는 대로
그 시간 내에
일을 할 수
있는 것이다.

▶ 실천 사항:

은 이튿날의 스케줄 시트의 왼쪽에 옮겨 쓰여지게끔 되어 있다.

일단 스케줄을 작성했다면, 할당된 일은 할당된 시간 내에 완성할 것이 필요하다. 오늘 해야만 할 일을 내일로 미루면 이튿날의 스케줄이 빡빡해진다. 그렇게 되지 않기 위해서는 시간 내에 할 수 없는 일은 아예 스케줄에 짜지 말아야 한다. 단, 무엇이고 전부 스케줄대로 하라는 건 아니다.

이 점에 관해서는 다음의 의견이 당신의 참고가 될 것이다.

"나는 전에, 무엇이든지 시간이 되기까지는 해치워야만 한다고 생각했습니다. 그러나 지금은, 그다지 시간을 문제로 하지 않는 것은 연기해 두기로 하고 있습니다. 얼마쯤 지나고 나서 그것을 조사해 보는 것인데, 놀라운 일은 언제나 그 문제의 75퍼센트에서 90퍼센트까지는 자연히 해결되고 있다는 사실입니다. 물론 그 해결을 뒤로 미룰 것인가 어떤가의 판단은 사람에 따라 다른 것입니다만."

일단 스케줄을
작성했다면,
할당된 일은
할당된 시간 내에
완성할 것이
필요하다.

▶ 자기 암시:

9. 자기의 업무 효율 곡선을 아는 방법

앞장에서 "일의 능률을 올리기 위해서는 일을 율동적으로 실시하는 것이 중요하다"고 말했는데, 이것은 '생활의 리듬'을 활용해도 같은 효과를 얻는다. 즉, 가장 활력에 넘치고 있는 시간에 가장 중요한 일을 처리하고, 능률이 저하된 시간에는 그다지 중요치 않은 일을 해치우도록 하는 것이다. 그러므로 우리들이 생활하는 시간에도 틀림없이 리듬이 있는 것이므로 그것을 활용하는 것이다.

이렇게 말하면,.

"그런 일은 당연하다. 이제 새삼스레 더 말할 필요가 어디 있는가."

하고 당신은 말할지도 모른다. 그러나 실제로는 대개의 사람은 가장 활력이 넘치는 아침 시간에 편지의 처리라든가, 장부의 대조라든가, 어제했던 일의 잔업과 같은 평범한 일상 업무에 매달려 있고, 정말로 중요한 창조적인 일에 착수할 무렵에는 머리의 회전이 둔해지고 있는 실정이 아닌가!

활력에 넘치고 있는 시간에 가장 중요한 일을 처리하고, 능률이 저하된 시간에는 그다지 중요치 않은 일을 해치우도록 하는 것이다.

▶ 실천 사항:

인간의 정신적·육체적 효율은 매일 주기적으로 변화된다. 하루 중에는 이 효율이 가장 높은 때와 가장 낮은 때가 있다. 이 효율의 상승·하강은 매일 대개 같은 시각에 생기기 마련이다. 이것은 '효율 곡선'이다. 대개의 사람은 아침 식사 후 1시간쯤으로 절정에 도달하고, 그 후 효율은 서서이 떨어져 오후 4시경에는 최저가 되지만, 저녁 식사 후 약간 상승되었다가, 그 뒤 또 차츰 하강한다.

그러나 이것은 평균적인 경우로, 이른바 '아침형'이니, '저녁형'이니 하는 극단한 경우도 있다.

그렇다면 자기의 곡선이 어떻게 되어 있는지 알자면 무슨 방법이 좋을까? 그 좋은 예로 다음과 같은 방법을 쓰고 있는 사람이 있다.

이 사람은 점수제를 채용하고 있었다. 우선 일이 쾌조로 진척되고 있다고 느껴졌을 때에는 플러스 10점, 일이 마음대로 진척되지 않았을 때에는 마이너스 10점으로 했다. 또 꽤 '효과적' '보통' '별로 효율이 좋지 않다' 따위에도 각각 알맞은 점수를 할당했다. 이어서 그는 그래프 용지를 하나 준비하고 중앙에 선을 그었으며, 그 상하에 눈금을 만들었는데, 점수에 따라 표시를 했다.

이와 같은 기록을 수주일 계속해 보았는데, 각 점을

▶ 자기 암시:

잇는 곡선이 매일 거의 같은 커브를 그리고 있다는 것을 알았다.

이러한 효율 곡선으로 판단해 볼 때, 그는 보통 사람보다도 출발이 늦은 편으로 오전 10시경 절정에 도달하고, 능률이 가장 저하되는 것은 오후 5시쯤임을 알 수 있었다. 따라서 이와 같은 일이 판명되었으므로, 그는 이 곡선에 맞추어 자기의 일하는 방식을 바꾸어 갔던 것이다.

만일 절정에 도달하는 시간이 지나치게 늦다면, 다음 장에서 설명하듯 아침 나절 샤워를 하든가, 목욕을 하면 좋다. 혹은 유연 체조를 해 보는 것도 하나의 방법이다. 이와 같은 일을 해 보면 체온이 높아지고 효율의 주기도 촉진되는 것이다.

10. 효율의 주기를 촉진하는 방법

앞장에서 말했듯이 효율의 주기는 빠르게 하든가, 늦게 하든가 할 수 있다.

그러면 다음과 같이 한번 해 보자.

▶ 실천 사항:

능률이 가장
저하되는 것은
오후 5시쯤임을
알 수 있었다.

1) 우선 이삼 주일 자기의 효율 기록을 그래프로 작성하여 자기의 효율 유형을 판단한다.

2) 체온을 높이고 그것에 의해 효율을 높이려고 생각했다면, 아침에 온탕인 샤워를 좀 오래다 싶게 하든가, 목욕을 하면 좋다. 혹은 30분쯤 유연 체조를 해 보는 것도 좋을 것이다.

이런 일을 해 보면 체온이 높아지고, 효율의 주기도 전체적으로 빨라진다.

3) 아침의 효율이 높은 시간을 헛되이 보내어선 안된다. 통근 시간도 계획적인 독서를 한다든가, 일의 계획을 짜는 따위의 좀더 창조적인 활동에 돌려야만 할 것이다.

4) 가장 머리가 활동하는 때야말로 가장 중요한 일에 충당해야 한다면서, 어떤 능률 연구가는 다음과 같이 어드바이스한다.

(1) 효율이 높았을 때 착수해야 할 일.

① 중요 문제.

② 극히 중요한 사항의 토의와 연락.

③ 창조적인 일.

통근 시간도
계획적인 독서를
한다든가,
일의 계획을
짜는 따위의
좀더 창조적인
활동에 돌려야만
할 것이다.

▶ 자기 암시:

(2) 보통인 효율일 때 착수해야 할 일.

　① 사내의 업무상의, 외부인과의 면회.

　② 일상 업무에 관한 데스크 워크(탁상 작업).

　③ 경영 잡지나 경제 자료의 통독.

　④ 금후의 업무 스케줄의 작성.

(3) 효율이 낮을 때 착수해야 할 일.

　① 배달된 우편물을 본다.

　② 일상 업무에 관한 외부 인사와 면회한다.

　③ 전화를 한다.

　그런데 여기서 주의해 두고 싶은 일은 자기의 능력 이상으로 효율을 높이려고 하는 건 엄격히 삼가야 한다는 점이다. 마차를 끄는 말을 경마용 말처럼 달리게 한다면, 곧 땀투성이가 되고 숨이 가빠서 쓰러지고 말리라. 그런데 자기의 페이스를 지켜나간다면, 마차용 말이라도 세계 최우량 경주용 말조차 엄두도 못 낼 아주 무거운 짐수레를 끌 수가 있는 것이다.

　이것과 마찬가지로, 당신도 자기의 능력 이상으로 무턱대고 했다가는 정신적으로나 육체적으로나 무리가 생긴다. 장거리 육상 선수는 코스를 단거리 선수처럼 질주할 수가 없다. 언제나 착실한 페이스를 지켜나가며 달리지 않으면 안 된다.

자기의
능력 이상으로
효율을 높이려고
하는 건
엄격히 삼가야
한다는 점이다.

▶ 실천 사항:

따라서 당신도 최대의 효과를 올리기 위해서는 자기의 에너지를 항상 저축하면서 달리지 않으면 안 되는 점에 유의해야 한다.

당신도 최대의
효과를 올리기
위해서는
자기의 에너지를
항상 저축하면서
달리지 않으면
안 되는 점에
유의해야 한다.

▶ 자기 암시:

세상에 하나밖에 없는
자기 이미지 관리법

1. 세상에 살아남으려면 이미지를 팔아라

필자는 인도인 오벨로이와 대화에 열중해 있었다. 인
도에서 이 사람의 위치는 미국의 호텔 왕 힐튼과 맞먹
는 명성을 가진 사람이었다. 그 자리에는 블리 메이어
박사와 에스더 M.퀴로스도 함께 있었다. 장소는 인도
의 수도 뉴델리에 있는 임페리얼 호텔의, 오벨로이가

▶ 실천 사항:

거처하는 방이었다.

인도라는 나라는 깊고 오묘한 사상과 위대한 진리, 삶과 죽음 등 인간 삶의 질에 관한 한 훌륭한 고찰이 가득한 나라이다.

필자는 오벨로이에게 이런 말을 했다.

"왕의 거실을 방불케 하는 이 거실은 내가 생각한 이미지대로 역시 훌륭한 것이군요. 나까지도 왕이 된 기분입니다."

인도에 관한 필자의 이미지는 장엄하고 아름답고 풍요한 것이었으며, 황금과 풍부한 비단의 이미지였고, 터번을 휘감은 시크 교도와 필자의 어떠한 희망이라도 곧 들어줄 하인이 항상 뒤따라 다니는 이미지였다고 설명하자, 오벨로이가 이렇게 물었다.

"이 호텔에 대한 이미지를 당신은 이 곳에 도착하기 전에 이미 가지고 있었다는 것입니까?"

필자는, 세계의 어느 장소나 사람에 따라 각각 그 이미지가 형성되어 있고, 그 장소에 가보거나, 그 사람과 만나보면 그 때까지 예상하고 있었던 생각이 적중하는 수가 대부분이지만, 어떤 경우는 전혀 예상과는 달라 실망하기도 하고, 또 놀라는 경우도 있다고 말했다.

오벨로이는 화려하고 묵중한 원탁 의자에 기대 앉아 미소를 띤 채 잠시 무슨 생각에 잠기더니 이윽고 이

▶ 자기 암시:

렇게 말했다.

"말씀하시는 뜻을 알겠습니다. 우리는 세계를 향해 우리 자신의 이미지를 만들고 있습니다. 많은 사람들은 그들 나름대로 우리들의 이미지를 받아들이기도 하고 거절도 합니다. 호텔 맨으로서의 나는 아마 무의식 중에 나 자신은 물론, 내 호텔에 대한 이미지를 온 세계에 심어왔던 것입니다. 그것은 참으로 재미있고 무척 흥미 있는 일입니다."

필자는 잠시 후에 에스더 M.퀴로스를 돌아보며 이렇게 물었다.

"당신도 동감이십니까?"

그녀는 오벨로이가 경영하는 호텔 체인의, 이미지 메이커의 역할을 맡은 사람이었다.

"오케이"

하고 그녀는 대답했다. 그리고 계속해서 말했다.

"세계인은 인도를 두 가지 이미지로 받아들이는 것 같습니다. 그 하나가 극심한 빈곤이고, 또 하나는 화려한 최고의 이미지일 것입니다. 우리는 이 곳을 찾을 사람들에게 최고의 화려함을 선전했습니다."

이 때 옆에 있던 메이어 박사가 대화에 끼어들었다.

"의사로서의 나도 환자들에게 내 이미지를 심으려고 부단히 힘써 왔습니다. 의사로서의 내 능력을, 즉 내가

우리는 세계를 향해 우리 자신의 이미지를 만들고 있습니다.

▶ 실천 사항:

환자들을 거뜬히 치료할 수 있는 명의라는 사실을 널리 알려왔습니다. 그리고 환자들 사이에서 내가 치료할 수 있는 명의라는 사실이 널리 알려져 있습니다."

"그러면 어떤 방법으로 명의의 이미지를 심고 계십니까?"

메이어 박사는 잠시 생각하더니 이렇게 대답했다.

"나는 내 분야에 관한 한 제일인자라는 인상을 주려고 힘썼습니다. 환자는 최고의 의사에게 치료받기를 원하니까요. 그럴려면 신뢰성·자신·존경, 그리고 지식이 풍부해야 합니다."

"사람은 누구나 남에게 자신의 이미지를 심을 수 있다는 말씀이군요?"

"그렇습니다. 의사답게 보이지 않는 의사는 엑스퍼트(expert;숙련자·전무가)가 아니라는 것은 아니지만, 전문가답게 보이지 않는다면 의사로서의 결점을 드러내 놓을 게 틀림없습니다. 환자에게 불친절하거나, 가운도 입지 않고 담배를 피워 물고 있는 개업 의사를 보면 선생이라도 좋은 인상은 받지 못할 것입니다. 그러나 그 사람은 뜻밖에도 명의일지 모르긴 하지만, 오늘날을 사는 사람들은 누가 뭐래도 전문가답게 보이는 숙련된 기술자의 이미지를 받아들일 수밖에 없잖습니까?"

인도 임페리얼 호텔에서 있었던 이 대화의 요지는 이

▶ 자기 암시:

미지가 얼마나 중요한 것인가 하는 것이었다.

사람들은 어떻게 '이미지'를 받아들이는가?

필자는 인도에서의 이 대화를 몇 번이고 돌이켜보았다. 최근의 일이었다. 배우 J.베니의 연기를 보고 있을 때도 그 일을 생각했다. 이 정상의 희극 배우는 어떤 이미지를 세상에 심고 있는 것일까 하고 말이다.

어느 날 필자는 그 극단의 가수 M.데이를 만나 그에게 이미지에 대한 질문을 던져보았을 때, 그도 한마디로 명백히 대답했다.

"재크는 세상에 자기의 이미지를 심고 있습니다. 그것은 자기가 인색한 인간이라는 것입니다. 그는 사람들이 자기를 천한 사람이라고 생각하도록 하고 있습니다. 그런데 그 어른은 실제로는 팁 같은 것은 아끼지 않고 기분좋게 뿌리거든요."

재크는 구두쇠라는 이미지를 심고 있었다. 필자는 출연한 텔레비전 프로에서 그가,

"손들엇!"

하는 강도의 위협을 받던 장면이 생각난다. 강도가,

"돈을 내놓겠느냐, 아니면 목숨을 내놓겠느냐?"

라고 위협했다. 재크는 망설였다. 한참 동안 망설이고 있었다. 그렇게 함으로써 목숨보다 돈이 더 중요한 이

▶ 실천 사항:

미지를 가장 강하게 심을 수 있었다. 그래서 크게 갈채를 받은 것이었다.

당신은 어떤 방법으로 당신의 이미지를 이 세상에 심으려고 하는가?

링컨은 성실성을 심었고, 그란트 장군은 형식에 구애되지 않는 장군의 이미지를 심었다. 루스벨트는 굵다란 지팡이를 짚고 있는 사나이라는 이미지를 넓혔다. 쿠릿지는 뉴잉글랜드의 번영이라는 이미지를, 록펠러는 경제가 번영과 직결된다는 이미지를 심었다. 그리고 세상 사람들은 그들에게 의하여 제공된 이미지를 모두 받아들인 것이다.

사람들은 누구나 이미지를 무의식 중에라도 받아들인다는 사실을 인정해야 한다. 이것은 결코 강요가 아니다. 왜냐 하면 당신이 종사하고 있는 어떠한 분야에서도 이미지는 그만큼 중요한 것이기 때문이다. 가장 중요한 것은 당신의 직업과 당신의 개성에 맞는 올바른 이미지를 찾아내 이 세상에 심어야 할 일이다.

프랭크 부크는 정글 모자로 아프리카의 대탐험가라는 이미지를 심었다. 월 로저스는 어릿광대의 이미지를 심기 위해 껌을 씹으며 한 발로 서서 머리를 긁적거리는 시늉을 해 보였다.

특히 영화 배우들은 다 이미지를 파는 것이 본업이

가장 중요한 것은 당신의 직업과 당신의 개성에 맞는 올바른 이미지를 찾아내 이 세상에 심어야 할 일이다.

▶ 자기 암시:

다. 그렇다면 당신의 이미지도 팔 수 있다는 것을 쉽게 결론 지을 수 있을 것이다. 그리고 이미지를 잘 심은 사람들 모두가 성공했다는 사실도 잊어선 안 된다.

그러므로 당신이 이 세상에서 살아가려고 생각하는 한 팔지 않으면 안 되는 것이 바로 이미지이다.

2. 좋지 못한 이미지를 심어서는 안 된다

이미지는 한마디로 크게 나누면 좋은 이미지와 좋지 못한 이미지가 있다.

히틀러도 이미지를 팔았다. 그러나 세계는 좀처럼 그의 이미지를 사주지 않았다. 무솔리니도 그랬었으며, 카스트로도 그랬다.

당신의 주위에도 받아들일 수 있는 이미지를 팔고 있는 사람들이 많이 있을 것이다. 월수입이 백만 원도 안 되는 사람, 번지르르하게 호화스런 오천만 원도 넘는 승용차를 타고 다닌다고 치자, 그것은 누가 봐도 그의 수입이 레벨을 초월하고 있다는 것을 알아차릴 것이다.

당신은 자기를 실력 이상으로 뽐내려고 해서 신분에

▶ 실천 사항:

맞지도 않는 생활을 하고 있는 사람들의 이미지는 받아들이지 않을 것이다. 속임수나 허세의 이미지는 좀처럼 받아들여지지 않는다. 사기꾼은 번영의 이미지를 가장함으로써 우라늄의 주식을 팔고 있다. 그렇게 하지 않으면 대중은 그것을 사지 않기 때문이다.

같은 방법으로 사기꾼은 전도사를 가장하거나, 은행가처럼 행동하거나, 자선가처럼 말하지만, 그것들은 다 자기의 사기성을 속이기 위해서다.

그러나 불행하게도 그들에게는 그 이미지를 사실로 보증할 수가 없기 때문에 결국은 국외로 도피하든지, 철창 신세를 지게 되는 것이다.

그러므로 당신도 사람들에게 주는 이미지에 주의하지 않으면 안 된다. 카운셀링의 권위자 E.A.위컴 박사가 언젠가 이렇게 말했다.

"모든 인간 생활이 다 그렇지만, 교육에 있어서 가장 중요한 것은 지식을 파는 것이 아니라 당신 자신을 파는 것이다."

당신은 자기를 파는 기술을 배우지 않으면 안 된다. 비서로 일하겠다는 젊은 여성과 면접한 사장은 그 자리에서 이렇게 말했다.

"좋아요, 당신은 채용하겠소."

이 여성은 비서로 일할 수 있다는 이미지를 어떤 방

속임수나 허세의 이미지는 좀처럼 받아들여지지 않는다.

▶ 자기 암시:

법으로 사장에게 심었을까? 그녀가 먼저 방에 들어갔을 때의 태도부터 살펴보자.

그녀는 사장을 향해 또박또박 분명한 걸음걸이로 들어갔다. 걷는 품위부터 산뜻했지만, 그보단 그녀의 옷차림이 먼저 사장의 시선을 끌었다. 그것은 비즈니스라이크(businesslike;사무적인. 직업적인. 실제적인)했으며, 머리도 단정하게 손질이 잘 되어 있었다. 그녀는 얼굴에 상냥하게 웃음을 띠우고 있었고, 질문에도 또렷이 대답했다. 그녀가 속기 능력을 테스트받았을 때는 이미 미리 잘 깎아둔 연필과 깨끗한 종이를 준비한 후였다.

그녀는 이렇게 자기를 일을 잘 할 수 있는 여성으로서 사장에게 인식시켰는데, 그 정도의 여성이라면 대단히 까다로운 퇴짜를 놓을 수 없는 훌륭한 이미지였다. 그뿐이 아니었다. 그녀는 그 날 밤, 환영 파티에서 또 다른 이미지를 심었다. '나는 당신이 가까이 사귀고 싶은 여자'라는 이미지를 강하게 심었던 것이다.

그녀의 비즈니스라이크한 복장은 참으로 여성다운 옷차림으로 멋있게 바뀌어 있었던 것이, 머리를 부드럽게 어깨에 늘어뜨렸고, 칵테일이나 담배를 다루는 솜씨도 차밍한 부인의 우아함을 나타내고 있었다.

그리고 이것이 가장 중요한 일이다고 하는 듯, 자기는 듣는 사람이 되고 상대방에게 충분히 이야기할 수

나는 당신이 가까이 사귀고 싶은 여자'라는 이미지를 강하게 심었던 것이다.

▶ 실천 사항:

있게 하였다. 여기서 10초 동안 이야기하고, 10분 동안 듣는 것이 사람의 마음을 끄는 가장 좋은 방법이라는 사실을 배울 것이다.

이 여성은 일과 사교상의 이미지를 심었다. 어떤 방법으로 심었는가?

그녀는 심어야 할 그녀 자신의 이미지를 가지고 있었던 것이다. 왜냐 하면 이미 머릿속에 있는 생각, 인생에 있어서의 목표, 겨누어야 할 표적이 없었다면 어떤 사람이라도 이미지를 만들 수는 없을 것이다.

당신도 마음 속에 가지고 있지 않는 것의 이미지를 만들 수는 없을 것이다. 그러므로 이미지를 만들어 내는 룰의 첫째 가는 것은 다음 장과 같다.

3. 당신이 팔고 싶은 것이 무엇인가?

아주 자연스럽게 당신은 자신의 이미지를 남에게 심어야 한다. 왜냐 하면 특별하게 만들어 내지 않고도 그 이미지가 사람에게 딱 들어맞기 때문이다. 자기가 부자라면 부자라는 이미지를 인식시킬 필요가 없으며, 아름

이미 머릿속에 있는 생각, 인생에 있어서의 목표, 겨누어야 할 표적이 없었다면 어떤 사람이라도 이미지를 만들 수는 없을 것이다.

▶ 자기 암시:

답다면 아름답다는 이미지는 팔 필요가 없다.

따라서 남에게 알릴 올바른 이미지를 찾아내는 데 노력하지 않으면 안 되는 것은, 당신은 부자이거나 아름다움 같은 것은 사람들이 그다지 중요하다고 생각지 않기 때문이다. 이것은 반드시 명심해 두어야 할 원칙 중의 원칙이다. 만일 당신이 적절한 요령만 터득한다면 당신은 당신의 약점으로부터 상대를 장점으로 주의를 돌리도록 유도할 수 있을 것이다. 당신이 사람들을 이해하고 그들을 움직이는 것이 무엇인가를 알게만 된다면 사람들을 유도할 수 있다는 사실을 믿어야 한다.

에머슨과 그의 아들이 송아지를 외양간에서 끌어내려고 한 일이 있었다. 아버지는 뒤에서 밀고 아들은 앞에서 끌어당겼다. 그러나 송아지는 버티고 선 채로 도무지 움직이지 않았다. 이에 하인이 지나가다가 이 광경을 보고 자기의 손가락을 송아지의 입에 집어넣었다. 그러자 송아지는 하인의 손가락을 빨면서 제 발로 외양간을 걸어나왔다.

이것을 보더라도 유도하는 요령만 터득한다면 쉽게 뜻을 이룰 수 있다는 것을 이해할 것이다. 콜럼버스가 대탐험의 리더가 될 수 있었던 것은, 그가 탐험가라는 이미지를 이사벨라 여왕께 인식시킬 수 있었기 때문이었다. 여왕은 이 사나이가 새로운 각오로 인도의 부에

당신이 사람들을 이해하고 그들을 움직이는 것이 무엇인가를 알게만 된다면 사람들을 유도할 수 있다는 사실을 믿어야 한다.

▶ 실천 사항:

도달하는 새로운 길을 개척함으로써 그녀의 정부에 기여할 수 있다는 콜럼버스의 이미지를 받아들였다. 여왕은 그에게 자금을 대주었다.

그러나 콜럼버스는 그것뿐만이 아니라, 판매 심리학의 비결을 알고 있었다. 그는 당신이라는 마술을 사용한 것이었다. 그는 여왕에게 자기가 무엇을 입수할 수 있느냐가 아니라, 그녀가 얼마나 덕을 볼 수 있는가를 알게 했던 것이다. 그는 언어 가운데서 가장 짤막한 단어인 '나'를 사용하지 않고, 세계에서 가장 커다란 단어인 '당신'을 사용하여 말했던 것이다.

유명한 심리학자 아들러가 이렇게 말했다.

"사람들에게 그것이 중요하다는 감정을 인식시켜라! 사람들은 이 감정을 받아들이는 것이다."

그렇다면 여기서 이미지를 심기 위한 세 가지 룰을 알아보자.

첫째, 당신이 바라는 것을 알고 있어야 한다.

둘째, 심기 위한 적절한 이미지를 찾아야 한다.

셋째, 그것을 당신의 마술로 백업(back-up;뒷받침. 후원)해야 한다.

이것이 당신 자신의 이미지를 만들어내는 데 사용해

그는 언어 가운데서 가장 짤막한 단어인 '나'를 사용하지 않고, 세계에서 가장 커다란 단어인 '당신'을 사용하여 말했던 것이다.

▶ 자기 암시:

야 할 훌륭한 세 가지 룰인데, 이를 잘 활용함으로써 당
신을 다른 사람에게 인식시켜 이 세상에서 출세하는 데
도구로 사용해야 한다.

4. 그 일이라면 조금은 알고 있습니다

　주의해야 할 일은, 이미지는 당신을 인식시킬 수 있
음과 동시에, 그렇지 못할 수도 있다. 우리는 무의식 중
에 진실이 아닌 자신의 이미지를 다른 사람에게 심는
수가 가끔 있다. 그러면서도 언제나 이렇게 투덜거리기
십상이다.

　"당신은 나를 이해하지 못한다."

　이것은 조금 후에 우리가 배우겠지만, 당신이 그릇된
이미지를 심었기 때문인데, 사람들은 단순히 눈앞에 보
이는 우리의 걸음걸이, 앉은 자세, 말씨, 음식을 먹고
마시는 태도, 대화를 이끌어가는 방법 등으로 재빨리
판단해 버린다는 사실을 알아야 한다.

　"알다시피 나는 저 사람들을 항상 좋아했습니다. 어
째서인지 저 사람의 걸음걸이가 아주 멋져 보이지 않습

우리는
무의식 중에
진실이 아닌
자신의 이미지를
다른 사람에게
심는 수가
가끔 있다.

▶ 실천 사항:

니까?"

당신도 이와 같은 말을 들은 일이 있을 것이다. 아니면 또,

"저 사람은 어쩐지 주는 것 없이 싫습니다."

라는 말을 들은 일도 있을 것이다. 이러한 일은 멀리서 사람들에게 신호를 보내는 레이더의 신호와 같은 것으로, 그것이 즉시 당신을 좋아하게도 하고, 또 싫어할 수도 있게 그들을 자극하는 것이다.

사람을 인상 짓게 하는 것은 10초도 걸리지 않는다. 그러므로 사람들과 접촉하는 최초의 10초 동안을 주의하는 것이 무엇보다 중요하다. 그리고 당신이 말하는 최초의 열 마디는 다음에 계속되는 1만 마디의 말보다 훨씬 중요한 것이다.

사람에 따라서는 이미지를 지나치게 과장하는 사람이 있다. 귀여운 여자 아이는 자기가 귀엽다는 사실을 알고 있다. 그래서 재롱을 떨고 있다. 지적인 사람은 자기의 지식을 사람들에게 지나치게 과장되게 인상 지으려 한다. 자전거를 타면서 뽐내고 있는 사내 아이는 이렇게 외친다.

"이거 봐요, 손을 놓았어요."

그러나 이것은 사람들을 자기 편으로 끌어들이는 방법은 아니다. 사람은 없다. 그것이 사람의 심리이기 때

▶ 자기 암시:

문이다. 그리고 거드럭거리는 아이가,

"이봐요, 손을 놓고도 탈 수 있어요."

라고 외치더라도 칭찬하여 주는 사람은 거의 없다. 그러므로 당신 자신의 작은 장점을 뽐내지 말고 자신에게 겸손해야 한다. 사람들은 자기와 다름없는 평범한 사람이나 좀 모자라는 사람을 좋아하는 것이다.

평범한 사람들 속에 있는 것이 그 들을 기분좋게 한다. 사람들은 인텔리인 체하는 사람 앞에서 경멸한다. 다정한 미소, 친숙한 태도야말로 당신의 머리에서 번뜩이는 지혜보다도 훨씬 더 당신의 인품을 인상 짓게 한다. 머리로써가 아니라 마음으로 말해야 한다. 그리고 아는 체하는 것이 싫증이 나서 외면당하는 사람이 아니라, 친절미 있는 사람으로서의 이미지를 심어야 한다.

"너 자신을 알라."

이 말은 그리스의 철학자 탈레스가 말한 이래 수많은 사람들의 입에 오르내리는 말인데, 좋은 점이나 나쁜 점을 막론하고 당신 자신을 알게 됨으로써 나쁜 점을 숨기고 좋은 점을 강조하는 방법을 익힐 수 있다.

"나는 왼쪽 얼굴이 사진에 잘 나옵니다."

라고 자만하지 않고, 사진사가 일하기 쉽도록 배려하여 주는 배우도 있다.

"그 일이라면 조금은 알고 있습니다."

▶ 실천 사항 :

라고 말하는 직공은 그 솔직함으로 말미암아 상사의 신임을 받는다. 우리는 모든 일에 엑스퍼트가 될 수는 없다. 우리는 모든 일에 정통할 수도 없다. 어느 일에는 뛰어나더라도 다른 일에는 그렇지 못하다. 좋은 점이 많은 반면에 나쁜 점도 많다. 그러므로 나쁜 점을 감추고 좋은 점을 강조하는 것이다. 다른 사람의 신뢰를 얻으려면 다음의 한마디 말로 된 마법의 말을 사용하자.

"그 일이라면 조금은 알고 있습니다."

이것은 대가(大家)다운 말솜씨이다. 또 다소 딱딱한 표현인지는 모르겠지만, 융통성이 없는 것이나, 결점을 인정하고 장점을 강조하여 다른 사람에게 좋은 이미지를 방사하는 외교 사령을 지니고 있다. 다섯 마디의 짤막한 마법의 말을 당신의 성공 전선에 필히 적용시켜 보라.

5. 수줍음에서 벗어나라

일단 자기의 장점을 깨달았으면 그것을 겸손 속에 강조해야 한다. 자기가 얼마나 잘났는가를 줄곧 자만하며

▶ 자기 암시:

돌아다니는 것은 좋지 않으나, 그렇다고 해서 당신의 재능을 숨겨둘 필요는 없다.

상사나 친구나 이웃이나 친척이나 세상에 당신이 훌륭한 세일즈맨이며, 훌륭한 경리 전문가이고, 훌륭한 의사이며 운전수라는 사실을 남이 인정케 해야 한다. 자만이 아닌 당신의 가장 좋은 장점을 남에게 인식시키는 것이다. 왜냐 하면 당신이 당신의 재능을 숨겨두고 있다면 그들이 당신의 재능을 발견하는 데는 얼마나 많은 시간이 걸릴지 모르기 때문이다.

부끄러워 말아야 한다! 당신의 장점에 주의를 기울여라. 가장 좋은 면을 모두 앞에 드러내놓으라. 그리고 당신은 약점을 장점으로 바꾸어 놓을 수도 있다. 말터 레이는 자기의 그 커다란 입을 세상에 선전했으며, 에디 칸터는 거친 목소리를 자랑했다. H.후버는 항상 무뚝뚝했지만, 그 공학의 지식을 세상에 널리 알렸다. 에디슨은 귀머거리를 역이용하여 그런 일은 불가능하다면서 자기를 비판하는 사람들의 말을 일축하고 많은 발명을 하지 않았는가? 그리고 의지를 단 배우 H.마샬은 훌륭한 매너로 마담 킬러라는 별명을 얻었다.

우리는 누구나 숨겨야 할 이미지와 널리 알려야 할 이미지를 가지고 있다. 세상을 원만히 살아가는 방법을 배우는 첫걸음은 먼저 당신의 이미지를 찾아내는 것이

우리는 누구나
숨겨야 할
이미지와
널리 알려야 할
이미지를
가지고 있다.

▶ 실천 사항:

라고 나는 말하고 싶다. 그리고 거기에 주의를 기울여야 한다. 사람들이 당신에 대한 올바른 이미지를 갖기만 한다면 당신은 당신답게 당당히 출세할 것이다.

6. 간단한 규칙 하나가 사람들을 행복하게 한다

상대방이 생각지도 않는 뜻밖의 일에 뜻밖의 친절을 베풀어라. 상대방이 당신의 의외의 친절에 놀라게 하는 것은, 이것이야말로 내가 아는 어떤 방법보다도 가장 학실하고 상대의 마음을 사로잡는 방법이다.

뜻하지 않은 때에 베풂을 받거나, 부탁하지도 않은 사람에게서 도움을 받으면 그것은 마치 수많은 사원의 종소리같이 상대방의 마음에 울려퍼질 것이다. 그리고 그것은 이윽고 메아리가 되어 되돌아와서 당신을 기분 좋게 해 줄 것이다.

운전을 할 때 상대방에게 길을 양보하여 주면 그는 기뻐한다. 회사의 출입구에서 상대방을 먼저 들어가게 하면 그로부터 환영을 받을뿐더러 거래도 잘 된다. 당신도 경험했을 것이다. 그러므로 오늘이야말로 밖에 나

▶ 자기 암시:

가면, 그것을 바라고 있지 않는 사람, 그것을 기대하고 있지 않는 사람에게 실천해 보아라. 길을 비켜 서고 상대방을 먼저 지나도록 하여라. 그리고 지하철에서 자리도 양보해 주라. 그것이 하루의 일과를 시작하는 가장 좋은 방법이다.

당신이 뜻하지 않은 때에 베푼 친절에 대한 답을, 누군가 당신에게 정다운 미소나 친절을 담은 시선으로 보내온다면 얼마나 살 만한 기분좋은 일이겠는가! 파는 행위와 판계가 없는 인간다운 인정미가 아닌가.

그러므로 사람들에게 친절한 태도를 보이고 도움을 주어라. 그러면 보답은 배가 아닌 십 배가 되어 당신 앞에 나타날 것이다. 지금 바로 이 주를 친절 주간으로 정해 보면 어떻겠는가?

7. 사람들이 스스로 나를 돕게 하라

어느 해인가, 필자는 아테네에서 올림픽 항공사의 존 포파다키스와 둘이서 사람들의 호의와 찬사를 받아 마땅한 그리스 사람들의 성품에 대해 이야기를 나누고 있

사람들에게
친절한 태도를
보이고 도움을
주어라. 그러면
보답은 배가 아닌
십 배가 되어
당신 앞에
나타날 것이다.

▶ 실천 사항:

었다. 그 때 필자는 이렇게 말했다.

"당신은 줄곧 건조물의 높은 아치를 가리키며 그 세부에 주목하라고 말씀하고 계시는군요. 식기 선반이나 트렁크나 가구를 놓고서 보이지 않는 구석구석을 잘 살피라고 말씀하시지만, 대체 몇 사람이나 그처럼 주의 깊게 살필까요?"

존은 잠시 당황하는 듯했으나, 곧 이렇게 대답했다.

"직공의 훌륭한 솜씨를 알고 있습니다. 그리고 하느님도 그것을 알고 계십니다."

필자는 이 교훈을 알 것 같은 생각이 들었다. 그리스의 작품이 언제까지고 극구 칭찬을 받고 있는 것은, 그것이 명인들의 예술임과 동시에, 그 속에 직공들의 정성이 깃들여 있기 때문이다. 필자는 다시 이렇게 질문했다.

"이 나라에서는 직공들을 어떤 방법으로 훈련했기에 저렇게 높은 곳에서 이처럼 힘이 드는 세공을 할 수 있을까요? 그들에게 이와 같은 훌륭한 일을 하고 싶도록 의욕을 불러일으킨 원동력은 무엇이었을까요? 몇 세기 이전에 벌써 이와 같은 정성어린 세공을 할 수 있게 그들을 분발케 한 비결을 그리스인들은 알고 있었을까요?"

필자는 가끔씩 우리 나라 노동자들을 생각하면서 사

▶ 자기 암시:

람들이 얼마나 무책임하게 일하고 있는가를 생각했다. 그들은 세부적인 곳, 그리고 감독이 소홀할 때에는 거의가 건성으로 일을 하지 않을까 하고 생각했다. 가령 몇 년 뒤에 그들이 만든 것이 갑자기 해체되거나, 아니면 실제로 그것이 부서진다 해도 그들은 주의를 기울이지 않았을 것이다. 필자가 얻은 대답은 그리스 역사의 상징이었다.

8. 다른 사람에게도 직분을 맡겨라

이것은 다른 사람의 협력을 얻는 가장 중요한 규칙의 하나이다. 필자는 이 전술을 곧 이해할 수 있었다. 어느 부서에든 한 직분을 맡고 있는 사람은 책임감 있게 일을 잘 한다. 호텔 경영의 일인자였던 스타틀러는 입버릇처럼 말했었다.

"상대가 당신을 신뢰치 않고, 또 당신이 지시하는 까닭을 모르면 종업원에게 일을 시키지 말아야 한다."

스타틀러는 자기의 이 가르침을 얼마나 충실히 이행했을까? 어느 날 그는 내가 보는 앞에서 호텔 보이에게

어느 부서에든
한 직분을 맡고
있는 사람은
책임감 있게
일을 잘 한다.

▶ 실천 사항:

일렀다. 어느 방의 창문을 닫고 오라는 것이었다. 메이드라도 할 수 있는 이런 하찮은 일을 보이에게 투덜거릴 기회를 주지 않으려고 스타틀러가 한 말은 이랬다.

"저 창문에는 대단히 값비싼 커튼이 처져 있기 때문일세. 폭풍이 불 것 같으니 빨리 하지 않으면 커튼은 못 쓸 걸세."

보이도 하나의 중요한 직분을 맡게 된 것이었다. 그는 창문을 닫기 위해서가 아니라, 커튼을 건지기 위해 뛰어갔다.

그리스의 이 규칙을 잘 기억해 둘 일이다. 남을 불쾌하게 하지 않고 즉석에서 지지하게 하려면, 그 사람에게도 한 직분을 맡겨야 함을 잊어서는 안 된다.

9. 한 발을 후퇴해 두 발을 뛰는 기술

너무나 황홀한 그리스의 아침. 큰길 곁에 있는 아늑한 커피숍에서 우리의 토론은 사람을 복종시키는 옛 방법인 '소크라테스 시대부터 오늘날까지 훌륭히 통용되는 방법'이 또 하나 밝혀졌다. 그것은 '당신의 공격을

남을 불쾌하게
하지 않고
즉석에서
지지하게 하려면,
그 사람에게도
한 직분을
맡겨야 함을
잊어서는 안 된다.

▶ 자기 암시:

잠시 보류하는 것'이다. 왜냐 하면 공격을 잠시 멈춤으로써 다른 사람이 당신 쪽으로 전진하는 것을 촉진할 수 있기 때문이다.

필자는 최근에 런던에서 이 '후퇴의 기술'의 좋은 실례를 목격하였다. 그것을 보여 준 것은 쟈거의 세일즈맨이었다. 단 그를 세일즈맨이라고 부를 수 있는 경우의 이야기지만, 그 까닭은 세일즈맨이라기보다는 외교관이라고 부르는 편이 알맞을 정도였기 때문이다.

그는 단 한 번도 강매를 한 일이 없었다. 그는 항상 자동차 앞에서 조금 떨어져서 서 있었다. 또한 그는, 말은 한 마디도 하지 않고, 이 차의 임금님을 루벤스의 그림이라고도 할 만큼 훌륭한 그림으로 해서 보여 주는 것이었다.

그는 각 포인트에 대하여 얼마든지 설명할 수 있었으나 자진해서 그렇게 하려고는 하지 않았다. 그저 그는 당신의 질문에 대답할 따름이다. 그의 방법은 당신의 흥미를 더 하기 위해 후퇴하는 것이었다. 이 전술의 포인트는, 사람들에게 제공할 진정한 값어치가 있는 것을 가지고 있는 경우에는, 그 아이디어를 소극적으로 선전하는 편이 낫다는 말이다. 왜냐 하면 너무 무리를 하면 그를 놓치고 마는 수가 많기 때문이다.

"자진해서 힘을 빌려 주십시오."

▶ 실천 사항:

"친절한 태도를 취하십시오."

그러나 너무 지나치게 무리를 해서 상대방이 후퇴하지 않을 수 없게 되어 버려서는 안 된다. 그렇게 하지 말고 당신이 데리고 가고 싶은 곳으로 교묘하게 상대방을 이끄는 것이다.

당신이 가지고 있는 것을 갖고 싶도록 한다. 이것이 상대방을 재빨리 사로잡는 요령이다. 왜냐 하면 목이 마른 인간은 자진해서 찾아 헤매기 때문이다. 그리고 배가 고픈 사람만큼 협력적이고 열성적인 사람은 없다.

나는 어느 실업가를 알고 있는데, 이 사람은 광고문을 쓰는 데는 '여윈 사람'이 좋다고 주장하면서 이렇게 말했다.

"그들은 내 돈의 값어치를 알거든."

이것은 좀 무자비한 주장일지도 모르겠으나 타당치 않다고 할 수도 없다. 공산주의자가 그것을 익히 알고 있듯이, 배고픈 사람들은 보다 민감하다.

당신은 사람들을 당신이 가지고 있는 것이든지, 그들이 해 주었으면 하는 일에 대하여 정신적으로 배고프게 할 수 있다. 그들이 입에서 그것을 예상하며 침을 흘리게 해야 한다.

▶ 자기 암시 :

10. 문제 있는 상대에게 권위를 부여하라

그 날 필자는 아테네에서 또 하나의 옛 방법을 배웠다. 그 방법이란, 마음이 내키지 않는 사람이 자진해서 일하는 사람으로 변해 버리게 하는 것이다. 그것은 그에게 권위를 부여하는 것이었다.

군대는 어느 나라에서나 이 기교를 알고 있기 때문에 일등병으로부터 하사관, 또는 장군에 이르기까지 수많은 직위를 갖추고 있다.

"다루기 힘든 어린이들을 다룰 때는 어떻게 하고 있습니까?"

라고 필자는 댈라스 시에 있는 존. P. 퍼싱 학교의 봅 블레슈에게 물은 일이있었다.

"난폭한 어린이를 어떻게 해서 착한 어린이가 되게 하고 있습니까?"

블레슈 교장은 이렇게 대답했다.

"나는 그런 어린이에게는 직함을 부여하고 있습니다. 지금도 기억하고 있습니다만, 도저히 다룰 수 없는 문제 어린이가 있었거든요. 여자 아이들을 골려주곤 해서

마음이 내키지 않는 사람이 자진해서 일하는 사람으로 변해 버리게 하는 것이다. 그것은 그에게 권위를 부여하는 것이었다.

▶ 실천 사항:

어찌할 수가 없었습니다. 어느 날 나는 그를 불러서 '이제부터는 너에게 반장이 되게 해 주겠다. 다들 잘 돌봐주어야 한다.'라고 말해 주었습니다. 그 순간 어린이의 얼굴이 빛났습니다. 그리고 그 뒤로는 가장 착실한 학생이 되었습니다."

회사에서도 일반 직공을 '반장'으로 승진시키는 수법을 곧잘 쓰고 있다. 장본인을 불러내어서,

"자네를 반장으로 승진시키려고 고려 중이야."

라고 일러두는 것이다. 그러면 그 남자는 비로소 훌륭한 노동자가 될 계기를 갖게 된다. 그리고 기대하는 대로 된다. 일도 맨 나중에까지 남아서 하게 된다. 또한 일의 마무리도 큰 관심을 보여 잘 하게 된다.

11. '하라'가 아닌 '하시겠소?'

우리는 누구나 지도자가 되는 것을 좋아한다. 직위 혹은 중요한 일이 부여되면 일에 최선을 다 하려고 노력한다. 쓰레기를 치우는 인부가 오늘날에는 미화원이며, 표를 파는 사람은 세일즈맨이다. 우유를 배달하는

▶ 자기 암시:

사람은 지금은 우유병이 아니라 '낙농품'을 파는 사람이다.

당신의 집이나 사무실에 융단을 까는 사람은 패션을 다루는 인텔리 디자이너이다. 당신이 그의 의견을 묻기라도 하면 그들은 한층 더 일을 열심히 할 것이다. 당신에게 더욱 고급 융단을 떠 맡기는 데 성공하는 수도 가끔 있다. 새 융단 밑에 고무를 까는 것이 썩 좋다는 사실로 재빨리 지적할 것이다. 그의 직위가 그를 이와 같은 일에 기민성을 갖게 해 주고 있는 것이다.

그러므로 회사에서거나 가정에서거나 누군가에게 중요한 직책이 아니면 적어도 중요한 일을 부여할 수 있는 여지가 있는지 어떤지를 잘 찾아볼 일이다. 예컨대 당신의 아들에게 너는 침실의 책임자라고 말해 주는 것이다.

"너는 오늘부터 말끔하게 정리하도록 다른 애들을 감독하는 책임자야."

잔디를 깎는 사람에게 조언을 구한다.

"어떨까요? 당신은 원예 전문가이니까 알고 있을 줄로 생각하고 있습니다만, 이 곳은 어떻게 하면 좋겠습니까?"

상대방은 이와 같은 전술에는 손쉽게 넘어간다. 그는 당신에게 '조언'할 것이다. 그리고 그와 함께 일해 보

▶ 실천 사항:

면, 그는 그 때는 당신을 위해 하고 있는 일에 각별한 관심을 갖고 있음을 쉽사리 알 수 있을 것이다.

이와 같은 일을 배관공에게, 전기공에게, 텔레비전 수리공에게, 컴퓨터 전문가에게 해 보는 것이다. 당신에게 아이디어 조언을 충고해 주도록 하는 것이다. 그렇게 하면 상대방이 당신의 일이나 당신의 문제에 진정한 관심을 갖기 시작할 뿐 아니라, 당신에게 훌륭한 정보를 제공해 주는 데 당신도 깜짝 놀랄 것이다.

미국 대통령은 누구나 이 기교를 활용하여 왔다. 그들은 다른 사람에게서 끊임없이 원조나 조언을 구하고 있지만, 도움을 청하면 즉시 주의와 행동이 제공됐다. 그 반응은 그들이 명령을 하는 경우보다도 훨씬 큰 것이었다.

성공한 정부의 수뇌도 누구나 이 테크닉을 활용하고 있다. 그리고 그것은 당신의 청에 호의적으로 대답하도록 당신의 주위에 있는 사람의 마음을 붙잡기 위해 당신도 활용할 수 있는 기술이기도 하다.

명령하지 말고 부탁하라! 아니 '하라' 가 아닌 '하시겠소?' 로 바꿔 보시라.

▶ 자기 암시:

12. '나'라는 말은 이 세상에서
가장 외로운 말이다

역사상의 위대한 설득자는 대부분 '우리'라는 말을 사용하고 있다.

"우리는 이것을 할 수 있지 않겠소?"

라고 그들은 말한다. 그리고 이렇게 덧붙일 것이다.

"우리가 이 같은 방법으로 하는 데 대해 당신의 의견은 어떻습니까?"

누군가가,

"나는 이 방법으로 하고 싶습니다."

라고 말했을 때, 만일 그 사람이 보스였다면 그는 그대로 할 것이다. 그러나 그것은 결코 일을 신속히 처리할 수는 없다. 투덜거리면서도 그럭저럭 해낼 수 있을지는 모르겠으나, 그것은 결코 사람들이 당신을 위해 일하게 하는 방법은 아니다.

"이 방법으로 한다면 더욱 잘 할 수 있다고 생각하는데, 당신은 그렇게 생각하지 않는가?"

보스가 이렇게 물었다 치자, 노동자가 잠깐 생각해

역사상의
위대한 설득자는
대부분 '우리'라는
말을 사용하고 있다.

▶ 실천 사항:

보고, 그러고 나서 자기의 의견을 말하게 되며, 그들은 둘이서 함께 그 일을 한다. 노동자는 쓸데없는 일을 하고 있는 사람이 아니라, 그 일에 한 역할을 떠맡고 있는 것이다. 사물을 성공시키는 것은 이 '우리'이다. 이것은 정부 고관이나 기업의 지도자뿐만이 아니라, 가정에 있어서도 좋은 전술이다. '나'가 아니라, '우리'라고 말한다. 누구나가 '우리'에게 한 역할을 맡긴다.

링컨은 저 유명한 게티스버그의 연설에서 이 '우리'를 수없이 사용했다. 그 연설을 복창하여 그가 몇 번이고 거듭 '나'가 아니라, '우리'라고 말하고 있는 것에 주의하라.

"우리는 위대한 싸움터에서 서로 만났다. 우리는 기도를 올리기 위해 달려왔다."

이것이야말로 모든 사람에게 위대한 사업에 한 역할을 맡기는 말이다. '우리'를 사용할 일이다. '나'를 사용해서는 안 된다.

'나'는 외로운 말이다.

사물을
성공시키는 것은
이 '우리'이다.
이것은
정부 고관이나
기업의
지도자뿐만이
아니라, 가정에
있어서도
좋은 전술이다.

▶ 자기 암시:

13. 위대한 지도자들의 책략

사람들은 그룹에 속하는 것을 좋아한다. 오늘날 당신의 주변에 '조직'이 수없이 있는 것은 그 때문이다. 사람들은 무언가 단체라든지, 협회라든지, 컨트리 클럽의 멤버라는 것을 자랑하기 일쑤이다. 그것이 그들에게 지위를 부여하는 것이다. 어딘가 두드러진 그룹의 멤버라는 사실이 속물에 어필한 형태이다. 회사에서 '직장 그룹'을 조직하는 것도, 어떤 부류의 종업원들을 위해 특별한 야유회나 파티를 열어 그들의 기분을 전환하게 하는 것도, 이와 같은 이유에서이다. 다른 사람은 이와 같은 모임에 참석할 수 있는 지위를 얻으려고 열성이다. 어느 것이나 남에게 뒤질까 봐 안달하는 심리이다.

군대에 커맨드 그룹이 조직되었을 때, 그것은 선출되지 않은 사람들의 선망의 적이었다. 모범 병사들만이 선출되었으나, 이 사실에 의하여 다른 사람들도 마침내 열심히 노력하게 되었다. 이와 같은 그룹은 그룹대로 일반 병사들보다 빨리, 보다 적극적으로 일을 하게 된다. 왜냐 하면 그들은 커맨드이기 때문이다.

▶ 실천 사항:

사람들은 그룹에 속하는 것을 좋아한다. 오늘날 당신의 주변에 '조직'이 수없이 있는 것은 그 때문이다.

나폴레옹은 이 기교를 몇 년이나 앞서 발견하고 있다. 그는 그의 군대를 '러시아 원정의 용사들'이라고 불렀고, 그들은 어려운 일을 위해 엄격히 정선된 사람들이라고 알렸다. 이것이 그들의 자아를 부풀게 하여 물불을 가리지 않고 싸우게 했다. 그는 이렇게 말했다.

"너희들은 자신들이 러시아를 정복하기 위해 특별히 선출되었다는 것을 너희들의 가족에게 말하는 것이다."

그는 이 지도 기교를 이용하여 부하를 분발시켰던 것이다. 그러므로 다른 사람에게도 당신의 사업에 협력시켜야 한다.

그들에게 '나는 선택되고 있다.' '나는 중요하다'는 감정을 갖게 해야 한다. 그렇게 하면 자기들의 육신뿐 아니라, 마음도 그 일에 내던지게 될 것이다.

> 그들에게 '나는 선택되고 있다.' '나는 중요하다'는 감정을 갖게 해야 한다. 그렇게 하면 자기들의 육신뿐 아니라, 마음도 그 일에 내던지게 될 것이다.

14. '우리'와 '나'에 대한 관찰

'당신'이라는 말은 모든 말 가운데서도 가장 중요한 언어이다. 실제 문제로서 대부분의 경우 '당신'이라는

▶ 자기 암시:

말에는 두 가지 타입이 있다. 하나는 일반적인 용법이며, 다른 하나는 절친한 친구라든지, 가족에게 사용하는 정겨운 '당신'이다.

"당신하고 내가 하면 이 일을 할 수 있겠는데."
라고 지도자는 말한다. 이렇게 되면 상대방의 자아가 부풀어올라 그들은 어깨를 나란히 하고 일을 추진하게 된다. '우리'라는 말을 듣는 사람은 돈으로 고용되고 있는 노동자로 여기지 않고 팀의 한 구성원이라고 느낀다. 협동한다는 말은 사람들을 이렇게 하는 위대한 방법이다. 결론적으로 말하면 그리스 사람의 방식을 활용할 일이다.

다음과 같은 전술로 훌륭한 마무리 ·열의·협력을 획득해 보라.

첫째, 상대방에게 한 직분을 맡겨라.

둘째, 돌격하기 전에 약간 후퇴하라.

셋째, 상대방을 정신적으로 굶주리게 하고 목이 마르게 하라.

넷째, 사람들을 책임자가 되게 하라.

다섯째, 가능할 때는 언제라도 직위를 부여하라.

여섯째, 줄곧 '우리' '당신'이라는 말을 사용하라.

일곱째, 대화에서 '나'라는 외로운 말을 쓰지 말라.

▶ 실천 사항:

15. 불평을 잘 다루고 호의와 우정을
확보하는 네 가지 방법

불평하는 사람을 당신의 사고 방식에 따르게 이끌어 가는 방법은 요약해서 네 가지 스텝이 있다.

스텝 ①:상대방이 하는 말을 끝까지 듣자. 그는 자기의 말은 무엇이나 들어 줄 것으로 기대하고 있다. 그렇게 함으로써 위험한 증기를 전부 토해 버리게 한다. 그러면 이윽고 그는 그만두게 될 것이다. 그의 분노는 사라져 버리고, 당신이 무언가 말하기를 침착하게 기다리게 될 것이다.

스텝 ②:상대방의 불평을 오히려 당신이 먼저 말하라. 구실을 붙이거나 바보로 만들지 말아야 한다. 그 대신 그 괴로움의 원인을 완전히 이해하고 있다는 사실을 알려주기 위해 그의 불평을(성의를 다 하여) 되풀이한다. 자기의 불평을 다른 사람의 입을 통하여 듣고 있는 동안에 그는 그것이 너무 조리 있는 것이 되지 않게 되

상대방이 하는 말을 끝까지 듣자. 그는 자기의 말은 무엇이나 들어 줄 것으로 기대하고 있다.

▶ 자기 암시:

기를 바라게 되는 경우가 많다. 상대방은 그것을 너무 과장해서 생각하지 않게 될 것이다.

　스텝 ③;불평을 불평으로 듣지 말라. 조그마한 불평이라면 그것을 흘려듣든지, 그 자리에서 인정해 줌으로써 처리하라. 그러나 한 가지 큰 불평은 남겨두라. 그리고 나서 그것을 해결하여 주고 악수를 한다. 이것으로 당신은 상대방에게 이긴 것이 된다.

　스텝 ④;당신의 입장보다는 상대방의 입장을 내세우라. 불평을 안이하게 다루어서는 안 된다. 진지하게 받아들여라. 변명하거나 구실을 말해서는 안 된다. 당신의 입장보다는 상대방의 입장을 세워줄 일이다.

16. 당신의 이상을 실현시키는 방법은 상상이다

　사람에게는 저마다 갖가지의 꿈이 있고, 그 꿈은 일반적으로 두 가지로 나눌 수 있겠다. 즉, 잠자는 동안에 꾸는 꿈과 공상이다. 잘 자고 있는 동안 꾸는 꿈은 문제

▶ 실천 사항:

로 하지 않아도 된다. 그것은 낮에 있었던 좋지 못한 생각이나 일어난 일의 단편적인 것에 불과하다.

상상은 이것과는 다른 것이다. 그것은 인생에 있어서 인간의 희망이다. 그 사람의 욕망이며 야심이고 목표이며 표적이다. 사람은 개가 그 주인을 따라다니는 것처럼 그의 상상을 따라다니는 것이다.

세계적으로 이름난 사람의 대부분은, 조심성 있는 꿈을 가지고 있었고, 그것을 훌륭한 현실로 길러 놓은 사람들이다. 처음에는 어린 시절에 낚싯대를 허리에 차면서, 그리고 나서 학교에서 창 밖을 내다보면서, 그리고 회사의 사무실에서 그들은 모험과 로맨스와 부와 명성의 꿈을 추구하였던 것이다.

찰리 슈워프는 먼저 상상하고, 그리고 나서는 그 표적에 초점을 맞춤으로써 대철강회사의 사장이 되었다. 찰리 E.윌슨은 주급 7달러의 가난한 종업원이었으나, 그 상상이 아주 강렬한 것이었던 덕택으로 제너럴 일렉트릭 회사의 사장이 되었다. 워너메이커는 그 상상을 현실화하여 커다란 가게를 만들었다. 일리노이 센트럴 철도의 전 사장은 젊은 시절에 플랫폼의 청소원이었지만, 성공의 사닥다리를 올라가 그것을 꿈꾸고 결국 그것을 실현하였다.

상상이야말로 당신을 성공시키는 것이다!

▶ 자기 암시:

대체로 상상이란 무엇일까? 그것은 밤이 아니라, 낮에 우리가 보는 꿈이다. 밤에 보는 꿈은 그것이 불가능하지만, 낮에 꾸는 꿈은 컨트롤할 수가 있다. 그것은 상상(낮의 꿈)이라고 불리는 것은 사람들이 자기를 갑옷을 입은 기사라든지, 대회사의 사장이라든지, 왕이나 여왕으로서 꿈꾸면서 높다란 하늘을 조용히 바라보고 있을 때, 그들의 눈에는 저 동경하는 색깔이 역력히 떠오르기 때문이다. 그것은 그들의 희망이 실현이며 끊임없이 가슴 속에 소용돌이 치고 있는 욕망과 야심이다. 상상은 누군가가,

"무엇을 멍청히 생각하고 있는 거야?"

라고 말할 때에 깨지는 것이 보통이다.

17. 상상은 누구나 할 수 있다

상상은 재산을 만든다. 힐튼은 한때 월돌프 아스토리아 호텔을 인수할 것을 상상했다. 그리고 그것을 실현하였다. 콜럼버스는 상상했다. 마젤란도 그랬었다. 그리고 당신의 고향에 있는 높은 분도 그랬었다.

▶ 실천 사항:

대체로 상상이란 무엇일까! 그것은 밤이 아니라, 낮에 우리가 보는 꿈이다.

상상은 아무나 할 수 있는 것일까? 그렇지 않으면 모험이나 로맨스나 정복할 신세계와 함께 상상의 날은 지나가 버리고 말았을까? 오늘날에는 온 세계가 모두 정복되어 버린 것은 아닐까?

결코 그럴 리가 없다. 기회는 여전히 존재하는 것이다. 오늘날에도 어떤 사람이거나 공상할 수 있다. 그리고 또 출세할 수도 있다.

우리가 사는 곳에서는 우주를 날 것을 상상한 해군 군인이 있었다. 시퍼트 중령이 그것을 해 냈다. 우리가 사는 데서는 지금도 달세계에 갈 것을 상상하고 있는 사람들이 있다. 그리고 그들은 그것을 실행할 것이다. 그 중에는 보다 세속적인 사람도 있어 자기의 집을 마련한다든지, 지도자가 된다든지, 커다란 자동차를 갖는다든지, 세계를 여행할 것을 꿈꾸고 있다. 그들은 그것을 실현할 것이다.

상상은 지금도 일반성을 잃지 않고 있다. 아담은 처음으로 상상을 한 사람이었는데, 그의 자손들도 영구히 상상을 계속할 것이다.

기회는 여전히
존재하는 것이다.
오늘날에도
어떤 사람이거나
공상할 수 있다.
그리고 또
출세할 수도 있다.

▶ 자기 암시:

18. 성공인이 활용한 패턴

어느 날 오후의 일이었다. 투우장에서 사람이 죽어 선수인 쥬앙 벨몽테를 오싹하게 만들었다. 그의 앞에 있는 엘 가로나 그 밖의 투우사와 달리, 쥬앙의 다리는 약했다. 그리고 돌격해 오는 2천 파운드의 소를 잽싸게 피할 수 있을 만큼 빠르지도 못했다.

그러나 그는 새로운 기교, 즉 그의 후들거리며 떨리는 다리 앞으로 소를 그냥 지나치게 하는 기교를 구상했다. 그리하여 그는 투우계에 이 구상의 새 시대를 열었다. 즉, 물레타를 사용하여 소에 대응하는 기교를 시험한 것이다.

이것은 오늘날 투우의 상투 수단이 되고 있다. 소를 뛰어넘는 투우사는 오늘날 야유를 받는 경향이 있다. 쥬앙과 그의 움츠린 다리가 구경할 만한 심벌이 되었던 것이다.

그리고 다른 사람들도 그 기술을 익히게 되고, 유명한 마놀레테와 같이 그의 재주는 점점 더 극적인 것으로 되었다. 그러나 그것들도 쥬앙 벨몽테가 꿈꾼 상상

> 그는 새로운 기교, 즉 그의 후들거리며 떨리는 다리 앞으로 소를 그냥 지나치게 하는 기교를 구상했다.

▶ 실천 사항:

의 원칙에 따르지 않으면 안 되었던 것이다. 나약한 다리의 소심한 벨몽테가 꿈을 실현할 수 있었다면 당신도 그것을 할 수 있을 것이다. 그리고 그 방법은 다음과 같다. 이것은 내가 제너럴 퓨쳐스 신디케이트의 사장인 조지 리틀을 위해 성공 비결이라 일컫는 컬럼란에 그 사람들의 기사를 쓰기 위해 일천 명 정도의 남녀들과 인터뷰를 한 결과 발견한 방식이다.

조지는 나한테 이렇게 말했다.

"집필하신 일천 명의 성공자들에게 그들을 성공으로 이끌게 한 방법으로 왜 묻지 않습니까? 많은 사람들이 오늘날에는 억만 장자가 됐습니다. 가령 그 사람이 돈은 가지고 있지 않은 경우라 할지라도 적어도 정신적으로는 그렇지 않습니다. 이들 일천 명의 성공자들의 생활을 일관하는 숨겨져 있는 패턴이라든지, 확실한 방식이 틀림없이 있지 않을까요?"

필자는 출판인 리틀의 아이디어에 뛰어들었다. 그리고 일천 명의 '부자'들에게 그들이 어떤 플랜에 따랐는가를 설문 조사한 결과, 그들이 성공한 방식이나 규칙, 혹은 일련의 스텝이 있었을까? 틀림없이 있었다. 모든 답을 분석한 결과 필자는 거기에 하나의 공통점, 즉 그들 각자가 성공으로의 길을 걷고 있을 때에 활용한 패턴을 발견했다. 그렇다면 다음 장에서 여섯 가지 스텝

▶ 자기 암시:

을 서술하기로 하자.

19. 성공으로의 여섯 가지·스텝

1) 당신이 얻고자 하는 것이 무엇인지를 익히 알아야 한다

자기가 바라는 것이 무엇인지를 알지 못하고서 어떻게 그것을 잡을 수 있을까? 당신은 꿈을, 목표를, 일생의 표적을 갖지 않으면 안 된다. 상상을 왕성하게 하지 않으면 안 된다. 다른 사람으로부터 독서에서, 그리고 자기의 마음 속에서 아이디어를 모아야 한다.

대통령이거나, 지도자이거나, 회사의 경영자이거나, 행복한 결혼을 꿈꾸는 남녀이거나, 혹은 변호사이거나, 의사이거나, 교사이거나, 발명가이거나, 은행가이거나, 작가이거나, 되고 싶어하는 것의 이미지를 확실히 가져야 한다. 엉뚱한 희망이라도 표면에 드러내놓아야 한다. 그것들은 그 당시에는 가당치도 않은 것으로 생각될지 모르지만, 그것은 결코 미리 겁을 내서는 안 된다.

오늘은 불가능하게 보이는 일이라도 내일은 가능할

당신은 꿈을,
목표를, 일생의
표적을 갖지 않으면
안 된다.
상상을 왕성하게
하지 않으면
안 된다.

▶ 실천 사항:

수 있으므로 당신이 얻으려고 하는 것을 꿈꾸는 것이다. 필자가 방문한 일천 명의 성공한 사람들은 누구나 이와 같은 꿈을 가지고 있던 사람들이었다.

2) 꿈을 종이에 기록해야 한다

기록이나 메모가 중요하다. 왜냐 하면 그렇게 함으로써 당신의 꿈이 사라져 버리지 않기 때문이다. 다 아는 바와 같이 상상이라는 것은 쉽게 사라지기 쉬운 것이다. 그러나 일단 그것을 종이에 기록하여 두면 그것은 당신에 대한 도전으로서 언제까지고 남아 있게 된다.

엠파이어스테이트 빌딩도 예전에는 단순한 꿈에 불과했었다. 마치 장래의 달여행을 위한 우주선이 그렇듯이 말이다. 필자가 방문한 '억만 장자'들은 종이에 그것들을 기록하여 보는 과정에서 자신도 모르게 그 상상이 실현되었다고 술회하고 있다. 마음의 눈으로부터 종이 위에 옮김으로써 그것이 나타나기 시작했던 것이다. 당신은 지금 당신의 눈으로 볼 만한 구체적인 무언가를 가지고 있을 것이다. 그렇다면 당신의 상상을 종이에 기록하여 볼 일이다. 그것을 밝은 햇볕 밑에서 보는 것이다. 당신은 아직 이것 저것 꿈을 계속 보고 싶어할지도 모르겠으나, 현재 당신은 따라야 할 뚜렷한 플랜을 가지고 있다. 마치 건축가처럼 말이다.

기록이나 메모가
중요하다.
왜냐 하면
그렇게 함으로써
당신의 꿈이
사라져 버리지
않기 때문이다.

▶ 자기 암시 :

3) 어디서부터 착수하면 좋을지를 알아야 한다

최초에는 짐차를 말 앞에 다는 것과 같은 일을 할지도 모른다. 그렇더라도 상관없다. 당신은 과오를 발견하고, 그것을 시정할 것이다. 이윽고 당신은 시행 착오에 의해 올바르게 하려면 어디서부터 손을 대야 할지를 찾아내게 될 것이다.

화가는 파리에 간다. 가수는 밀라노에 간다. 은행가는 월 스트리트에 간다. 석유상은 텍사스에 간다. 외교관은 워싱턴으로 간다. 말하자면 해야 할 장소에서는 누구나 같은 것을 말하기 때문이다.

보스턴에서 석유에 대한 이야기를 하는 것은 어울리지 않는다. 앵커리지에서 디자인 이야기를 하는 것도 당치 않다. 해야 할 장소에 가야 한다. 그렇게 하면 다른 사람이 당신의 꿈을 강화하여 줄 것이다. 왜냐 하면 그들도 당신과 똑같은 이야기를 하기 때문이다. 거기에서 사람들은 똑같은 희망이나 야심을 가지고 있다. 토마토는 산간에서는 그다지 잘 자라지 않지만 커피라면 잘 자란다.

꿈도 적절한 토양 위에서는 제대로 자라고 빨리 자란다. 그러므로 당신의 꿈을 이루는 데 가장 좋다고 생각되는 곳을 선택해야 한다.

> 꿈도 적절한 토양 위에서는 제대로 자라고 빨리 자란다. 그러므로 당신의 꿈을 이루는 데 장 좋다고 생각되는 곳을 선택해야 한다.

▶ 실천 사항:

4) 행동을 일으켜야 한다

이제 당신은 인생의 대망을 찾아냈다. 그것에 대한 청사진도 완성되었다. 용기를 내어 날마다 생각해 낼 수 있도록 그것을 세면대의 거울에 붙여둘 일이다. 그리고 당신의 꿈이 보다 빨리 성장하고 결실을 거두도록 좋은 분위기를 조성해 두어야 한다.

자, 그럼 당신은 앞장의 스텝④를 밟아나가지 않으면 안 된다. 그것은 당신의 성공을 행동과 연결하는 작업이다. 워싱턴엔 3백만에 가까운 발명가의 꿈이 파일되어 있으나, 그 대부분은 결실을 거두지 못한 채로 사장되고 있다. 왜냐 하면 아무도 그것을 행동과 연결시키려 하지 않기 때문이다.

당신의 꿈에 대해서는 이런 일이 있어서는 안 된다. 그것을 착수하는 것이다. 처음에는 거의 잘 되지 않을지도 모르지만, 적어도 시작해 보는 것이다. 그리고 일단 점화되면 그대로 행동을 계속해야 한다. 바퀴 굴리기의 바퀴는 소년의 막대가 약간만 그것을 미는 것만으로 돌아가는데, 그렇게 되는 것은 그 바퀴가 움직이기 시작한 까닭이다.

바퀴나 기차나 자동차가 그렇듯이 꿈도 탄력이 생기면 계속해서 움직인다. 꿈이 정지 상태에서 있거나, 정체하고 있어서는 결코 운이 열리는 것이 아니다. 룸펜

당신의 꿈이 보다 빨리 성장하고 결실을 거두도록 좋은 분위기를 조성해 두어야 한다.

▶ 자기 암시:

은 꿈이 궁한 마음을 걸머지고 공원의 벤치에 앉아 있는데, 그 꿈은 움직이지 않는 꿈이다. 총알도 그것이 총에서 발사되지 않으면 결코 사람을 죽이지 못한다. 꿈도 머리에서 총알처럼 발사하지 않으면 열매가 맺는 게 아니다. 일단 그것이 뛰쳐나오기만 하면 성공은 당신의 손이 미치는 곳에 있다.

5) 중도에서 중단하는 것으로 만족해서는 안 된다

필자가 만나 본 일천 명의 억만 장자들은 공통점이 하나 있었다. 그들은 꿈의 실현을 중도에서 중단하는 것으로는 만족하지 않았다. 꿈을 실현하기까지는 출발할 때의 비틀거림이나 여러 가지 실패가 있었는지도 모르겠지만, 그들은 그 꿈을 중도에서 단념하는 짓은 하지 않았다. 완전 아니면 무였다. 누구이든지 엠파이어 스테이트 빌딩을,

"이 정도 했으니 이제 됐잖아."

라고 말하면서 3십 층 정도에서 그만두는 짓은 하지 않을 것이다. 그와 같은 사고 방식은 꿈을 죽여 버린다: 만일 당신이 자동차를 꿈꾸었다면 포드 정도로 단념하는 일은 하지 않아야 한다. 만일 당신의 목표가 밍크 코트라면 토끼털로 참을 수는 없다. 만일 당신의 꿈이 일백만 달러를 모으는 것이라면 가령 1센트로 타협해서

꿈도 머리에서 총알처럼 발사하지 않으면 열매가 맺는 게 아니다. 일단 그것이 뛰쳐나오기만 하면 성공은 당신의 손이 미치는 곳에 있다.

▶ 실천 사항:

는 안 된다.

마음이 약해지지 않아야 한다. 그런 일을 하면 당신의 결의가 흔들리게 될 것이다. 어쨌든 정상을 붙들고 늘어져야 한다. 중도에서 등한해져 버리면 꿈은 깨어지고, 당신의 공중 누각은 발 밑에 부서져 떨어지고 말 것이다.

6) 휴식하는 때를 알아야 한다

중도에서 타협해서도 안 되지만, 그렇다고 너무 안달을 해서도 안 된다. 현재의 목표에 도달하면 휴식하여야 한다. 적어도 일시적으로는 쉬어야 한다.

한숨 돌리고 당신의 꿈이 실현되는 것을 보고 즐겨야 한다. 휴식한 자세로 조용히 생각하고 당신의 에너지를 돌이켜야 한다. 끝이 없이, 분별 없이 나아가는, 안달하는 사람은 자기의 노력의 성과를 결코 즐기지 못한다. 이와 같은 사람은 끝에는 부자가 될지는 모르지만, 그때에는 무덤 속에서 모처럼 모은 재산을 상속인에게 몽땅 물려주기가 일쑤이다.

내가 방문한 억만 장자는 누구나 할 것 없이 그가 오늘 아니면 십 년 전에 꾸었던 꿈의 결과였음을 잊지 않았으며, 지나치게 일하는 데서 오는 함정을 잘 알고 있는 사람들이었다. 오늘의 성공은 그들이 겨우 몇 년 전

▶ 자기 암시 :

에 꿈꾼 것의 결과였다. 그러므로 목표를 낮은 데 두지 않음과 동시에 너무 안달하지 않아야 한다.

이상이 당신의 꿈을 실현함으로써 성공에 도달하는 여섯 가지 방식이다. 당신의 눈앞에 떠오르는 꿈에 주의하여야 한다. 일천 명의 성공한 남녀들에 의하여 발견된 이 실제적인 플랜에 따르면, 당신도 역시 보다 부유하게 될 수 있을 것이다. 그러므로 이 기회를 놓치지 말아야 한다.

20. 당신을 인식시키는 실험을 끝낸
   여덟 가지 방법

첫째, 걷어차기 전에 먼저 어깨를 정답게 두들겨라.

둘째, 책임을 남에게 전가하지 말아라.

셋째, 험담을 하지 말아라. 그런 일을 하면 상대방으로부터 무슨 말을 듣게 될지 모르며, 그렇게 되면 감정을 상하게 된다.

넷째, 상대방의 곁을 떠날 때는 미련 없이 돌아서라. 대부분의 경우 우정은 문 앞에서 너무 오래 머뭇거림으

목표를
낮은 데 두지
않음과 동시에
너무 안달하지
않아야 한다.

▶ 실천 사항:

로써 깨어진다.

다섯째, 웃는 얼굴로 상대방의 곁을 떠나라.

여섯째, 대화는 상대방에게 맡겨라. 왜냐 하면 당신이 자기의 입을 열고 있어서는 아무것도 배울 수가 없기 때문이다.

일곱째, '올바른 타이밍'의 요령을 기억하라. 텔레비전을 보는 시간에 남에게 전화를 걸어서는 안 된다. 걸려면 상거래 시에 걸어야 한다.

여덟째, 싫은 모습을 보여서는 안 된다. 발랄하고 흥미를 가진 모습을 가지고 있어야 한다.

성공에의 길을 좀더 확실히 공부해 보겠다면, '자기 이상을 관철시키는 방법' '삶을 조화롭게 관철시키는 방법' 등이 수록된, 뉴 밀레니엄 성공학 시리즈 제1권인 《성공 서바이벌》(선영사 刊)을 참고하면 크게 도움이 될 것이다.

▶ 자기 암시 :

자신을 알고 상대방을 설득하는 방법

1. 남을 살림으로써 자기를 살리는 법

사람은 어느 누구나 살고 싶어하는 법이다. 죽고자 원하는 자는 하나도 없다. 살고 싶어하는 인간을 살리는 쪽에 힘을 기울이는 것이 사람을 기쁘게 해 주는 길이다. 그러나 살고자 하는 인간을 죽음 쪽으로 몰고 가려고 한다면 그것은 죄악인 것이다.

그리고 사람은 누구나 자기 자신이 가장 소중하다.

▶ 실천 사항:

소중한 자신을 아끼고 내용을 충실하게 하기 위하여 공부하고 향상을 꾀한다.

그리하여 그 자기가 충만한 삶을 살았을 때 가장 큰 기쁨을 느낀다. 오직 하나의 자기 자신, 오직 단 한 번의 삶, 그럼으로써 자기를 깊이 사랑하고, 소중하게 다루고, 내용을 충실히 하고, 일에 정진하며, 마음껏 자기의 재능을 발휘하고자 하고, 그렇게 할 수 있었을 때 삶의 보람을 느끼는 것이다. 어떤 사람은,

"살 수 있는 한 살아야 한다."

라는 말을 하였는데, 이것은 단순히 오랜 삶을 누린다는 뜻이 아니고, 주어진 소중한 생명을 최고로 살린다는 의미가 포함되어 있을 것이다. 그리고 자기를 살리는 일을 통하여 자기 이외의 것, 예컨대 가족이나 직장 또는 기업이나 사회의 사람들을 살릴 수 있을 것이다.

남을 살리기 위하여 자기가 죽어서는 곤란하다. 그리고 자기를 살리기 위하여 남을 죽여도 좋다는 이유도 없다. 남을 짓뭉개고 자기만 사는 것을 좋지 않다.

제2차 세계 대전 뒤의 가장 큰 공해는 개인이나 기업이나가 자기만 살면 된다, 수지 맞으면 된다, 편안하면 된다는 사고 방식일 것이다.

궁극적으로 그래서는 자기가 살기 어렵게 된다. 하늘을 우러러 침 뱉는 자는 그 침이 자신에게 돌아온다는

▶ 자기 암시:

것을 알아야 한다. 이것은 참으로 어리석은 일이라고 하여야겠다.

남도 살리고 자기도 좀더 잘 살아야 한다는 생각이 생활 태도의 기본 속에 있어야만 비로소 상대방에 대한 자기에의 신뢰를 얻을 수 있고, 또한 설득도 할 수 있는 것이다.

자기도 살고 남도 살리는 방법에 대하여 먼저 터득하지 않으면 안 될 것이 있다. 그것은 '이익은 주는 자에게 주어지고, 빼앗는 자는 빼앗긴다' 라는 원칙을 터득해 두는 일이다. 가령 80만 원 월급을 받는 사원이 있다고 하자. 이 사람은 월급이 적다고 생각하여 70만 원쯤 일하고 나머지 10만 원어치를 게으름 피었다고 하면, 이 경우 그 사원은 80만 원을 받고, 70만 원밖에 일하지 않았으니 10만 원어치만큼 회사의 이익을 빼앗었다는 말이 된다. 이익은 빼앗는 자가 빼앗긴다는 원칙에 따라 그 사원은 대우를 받지 못할 것이다.

이와 반대로 80만 원을 받은 사람이 100만 원, 500만 원, 1천만 원, 이렇게 이윤을 올려 주었을 때, 그 사람은 회사에 이익을 주었으므로 이익은 주는 자에게 주어진다는 원칙에 따라 반드시 월급이 오를 것이다.

요컨대 설득이란 그냥 설복시킨다는 일만은 아니다. 설득당하는 쪽에서 보면 설득 속에서 자기를 살리는 길

남도 살리고 자기도 좀더 잘 살아야 한다는 생각이 생활 태도의 기본 속에 있어야만 비로소 상대방에 대한 자기에의 신뢰를 얻을 수 있고, 또한 설득도 할 수 있는 것이다.

▶ 실천 사항:

이 있다고 생각하기 때문에 납득하는 것이다.

자기를 살리는 일은 남을 살림으로써 비로소 성립되는 법이라는 것을 스스로도 알고 남에게도 알게끔 하는 사람이야말로 좋은 설득자라고 할 수 있겠다.

2. 상대방의 우월감을 살려주어라

누구나 남보다 뛰어나고 싶다는 마음은 있다. 그런 마음이 없다는 것은 거짓말이거나 자기 기만이다. 특히 소극적으로 생긴 인간이라도 본디 지고 싶은 마음은 없다. 앞서고 싶다는 마음은 있는 법이다. 그것은 결코 나쁜 일이 아니라, 오히려 향상심 그 자체인 것이다. 그러한 노력은 좋은 일이다.

어쨌든 누구나 우월감을 맛보고 싶은 마음은 있는 법이다. 그런 마음이 있는 이상 우월감을 자진하여 맛보여 주는 사람을 반기는 것은 당연하다. 맛보고 싶기는 하지만 자기 쪽에서 그것을 들먹이면 상대방은 열등감에 쫓기게 되리라. 자기 스스로가,

"나는 잘났지."

▶ 자기 암시 :

라고는 말하지 못하기 때문에,

"당신은 잘나셨습니다."

라고 적극적으로 말해 주는 사람이 있으면 으쓱해진다.

남의 우월감을 만족시켜 준다는 일, 이것이 중요하다. 자진하여 하는 일이니 거기에는 비굴함이 없다. 자주적 판단으로 적극 상대방을 추어올린다는 행동은 누구나 모두 우월감을 가지고 있다는 인간에의 인식을 갖지 못하면 이루어지지 않는다.

그러나 우리는 늘 남을 모욕하든가, 아니면 모독당하고 있다. 저 사람보다 내가 낫다, 머리가 좋다는 식으로 말이다. 같은 인간에게 구별을 둘 필요는 없다.

이런 따위 우월감은 한 푼의 값어치도 없다. 하지만 우월하고자 하는 향상심은 소중하게 다룰 필요가 있다. 왜냐 하면 그 자체를 자극하는 일이 상대방에 대한 설득력이 되기 때문이다.

3. 사람은 누구나 자기를 알리고 싶어한다

유명인이나 저명 인사라는 것은 일반적으로 남보다

남의 우월감을 만족시켜 준다는 일, 이것이 중요하다. 자진하여 하는 일이니 거기에는 비굴함이 없다.

▶ 실천 사항:

널리 이름이 알려진 사람일 것이다. 내용의 충실성이 비례하는가 아닌가는 별도이지만, 이름 이상 내용이 충실한 사람도 있고, 이름만 같지 못한 빈약한 자도 있다. 이름과 인물은 반드시 일치하는 것도 아닌데, 사람은 각기 이름을 동경한다.

이 또한 허영심만으로는 난처하지만, 그것에 어울리게끔 노력하는 태도가 있으면 유명하게 된다는 것도 나쁜 일은 아니다. 오히려 반가운 이야기이다. 회사 신문이나 그런 것에서 가장 먼저 찾는 것은 남이 쓴 기사가 아니라, 자기가 쓴 문장이다. 유독 인쇄된 자기 이름을 가장 먼저 찾아내려고 한다. 그리하여 오려서 보존하거나 한다.

어떤 세일즈맨은 단골 고객의 이름이 신문이나 잡지에 나면 그것이 아무리 작은 기사일지라도 오려서 흰 종이를 덧붙인 다음 본인에게 보내 줌으로써 사랑을 받고 있다. 또한 여자가 신문에 실린 어느 남자에 관한 조그마한 기사를 신문째 보관하였다가, 반 년 뒤에 만난 그에게 증정하였기 때문에 그녀의 호의에 깊은 감명을 받아 사랑이 싹텄다는 사실도 있다.

사람에게 있어서는 얼마나 자기 이름이 소중한지, 또 자기 이름을 소중하게 알아준 사람에게 얼마나 마음이 끌리는지 모른다. 몇 번 만났는데도 이름을 생각해 내

지 못하고,

"아하, 누구시더라?"

해서는 이야기가 안 된다. 실업계의 거목인 모씨가 회장이었을 당시, 대리점과 판매점의 경영자들과의 회합을 가질 때는 남몰래 비서를 시켜 좌석 차례를 도표로 만들게 하여, 거기 씌어진 상대의 이름을 대강 외운 다음,

"○○○ 씨, ××× 씨."

하고 그 사람의 얼굴을 보면서 이름을 불렀다고 한다. 얼마나 그들이 감격하였는지 모른다.

"회장님은 내 이름을 기억하고 계시다."

라고. 이것은 신뢰감을 만들어 내는 무한한 설득력일 것이다. 다음은 우리 나라 이야기는 아니지만, 여자 속옷으로 세계 5위로 뽑혔다는 모 회사 사장 K씨는 식당을 신축할 즈음, 그 벽에 모든 사원의 이름을 새겨 넣고 〈신뢰의 벽〉이라고 이름 지었다.

"아무리 유능하다 하여도 사장이나 경영자만으로 사업이 이룩될 수는 없다. 어디까지나 사원 여러분의 헌신적 노력으로 인하여 오늘날의 번영을 보기에 이른 것이다, 감사하기 그지없다."

라는 사장 K씨의 무언의 감사의 뜻이 나타나고 있는데에 절대적인 설득력이 있다고 하겠다.

아무리 유능하다 하여도 사장이나 경영자만으로 사업이 이룩될 수는 없다.

▶ 실천 사항:

그리고 국내에서 손꼽히는 어느 사장은 사무실에 종업원 전원의 이름표를 걸어놓고 있는데, 재미있는 것은 입사순이다. 수위 아저씨가 먼저이고 중역이 뒤라는 것이 있는가 하면, 여자 사원보다 뒤에 걸린 과장도 있다는 형편이다. 이 또한 능력 이외의 평가 방법으로서 흥미 있는 조치인데, 특히 압도적인 환영을 받고 있다. 과연 훌륭한 설득력이라 하겠다.

사람들에게 있어서 이름이 얼마나 소중한가? 사람은 자기 이름을 소중하게 알아주면 그 사람의 요구를 들어주고 싶어지는 법이다.

4. 누구나 즐겁게 살고 싶어한다

'불변'과 '유행'을 말한 현명한 옛날 사람이 있다. 그는 변하는 것과 변하지 않는 것, 불변은 시세와 상관없이 변하지 않는 것, 유행이란 때에 따라 변하는 시대의 흐름, 이 두 가지를 완전히 터득하지 못하면 아무 일도 해내지 못한다고 말하였다.

지금이나 옛날이나 인간 그 자체는 변함이 없다. 그

▶ 자기 암시:

러나 시대의 흐름에 따라 사물의 사고 방식은 변해 간다. 그 유일한 것은 유행이다. 그리고 변함없는 증거는 사람이 행복을 바라며 살아간다는 사실이다. 천 년 전의 옛날도, 지금도, 그리고 천 년 뒤까지도 사람은 모두 행복하게 살고자 바라고 있다. 여기에는 변함이 없다. 다만 무엇을 행복이라고 하는가가 시대와 더불어 달라지리라. 그 점을 단단히 파악하지 않으면 설득력의 근저가 흔들린다.

어쨌든 간에 사람은 모두 제각기 행복을 희구하고 있는 것이라고 파악함으로써 설득법도 해명되는 것이다. 그러므로 행복을 베풀어 준다는 마음이 설득하는 측에 있으면 된다.

행복을 베푸는 사람은 마음이 밝은 사람이 아니면 안 된다.

교양도 있는, 성실하기도 한 사람이 간혹 상사를 배반하는 일이 있는데, 그것은 물론 책임의 태반을 상사에게로 돌려야겠지만, 반면 배신자의 성격이 어둡다는 점에 그 원인이 있다. 그런 사람은 재능에 대한 자신이 넘쳐흐르고, 상사의 성격을 알면서도 맞추지 못하며, 모든 일에 불만 불평만 하고, 마음도 평온하지 못하다. 이런 성격은 너무나 융통성이 없고 음울하다. 그러므로 상사의 눈 밖에 나게 되는 소치이다.

▶ 실천 사항:

즐겁게 살고자 원하는 사람들은 음울을 반기지 않는다. 그들은 밝고 맑으며 거리낌없는 것을 좋아한다. 밝고 명랑한 태도는 다른 사람의 마음까지도 즐겁게 만들어 준다.

"나는 태양이 좋다. 태양은 밝다. 태양은 크다. 태양은 따뜻하다."

이런 발상의 사람이라면 주위 사람을 누구나 없이 즐겁게 해 줄 수 있을 것이다. 즐거움이나 행복을 사람에게 베푸는 데는 반드시 돈이 필요하지는 않다. 불가(佛家)에서 쓰는 안시(顔施)라는 말이 있다. 미소와 웃음으로써 남에게 베푼다는 뜻이다. 늘 찡그린 얼굴을 하고 있는 사람이 남에게 귀염을 받지 못하고 따돌림받는 것은 당연한 일이라 하겠다. 그렇게 되면 그 사람의 설득을 기꺼이 받아들일 사람은 없을 것이다.

고객으로 모시는 어느 사장이 민예품 장난감을 즐겨 수집한다는 것을 알고 지방에 갔을 때, 그 지방의 민예품, 가령 흙으로 빚은 방울 따위를 잊지 않고 보내고 있는 판매원이라면 얼마나 그 고객을 생각해 주는 일인지 모른다. 물건 그 자체는 값비싼 것이 아니다.

"내 취미를 잘 알아주고 있다."

그것이 기쁘다는 것이다. 그 판매원의 설득력은 절대적인 것이다. 천안을 지나게 되면 그 고장 명물인 호두

▶ 자기 암시:

과자를 사서 친지에게 선사하는 사람이 있다. 이 또한 금액은 하찮은 것이다. 그러나 즐겨 먹는 과자를 잊지 않고 사오는 그 사람의 호의는 상대방을 즐겁고 기쁘게 해 준다.

5. 건강하게 오래 살고 싶어하는 것은 모두의 바람이다

최근의 조사에 의하면 20세에서 70세까지의 욕구의 첫째는,

"건강하고 싶다."

라는 것이라고 한다. 이처럼 지극히 당연한 욕구가 첫 번째로 나와 있는 것은 자연 파괴나 환경 오염으로 인한 불건강 상황을 두려워하고 있기 때문일 것이다. 그럴 때는 이런 말이 약이 된다.

"내가 이게 무슨 꼴이람, 회사를 그만둬야겠어."

하고 불평을 털어놓는 어느 잡지사의 편집장이 있었다. 그는 필자의 친구이기도 했다.

"열심히 일하고 계획하고 밤잠도 자지 않고 생각을

▶ 실천 사항:

즐겨 먹는 과자를 잊지 않고 사오는 그 사람의 호의는 상대방을 즐겁고 기쁘게 해 준다.

거듭한다. 그런데도 일이 제대로 되어 주지 않는 때가 있다. 사장은 잔소리만 늘어놓는다.

"정말 진절머리가 난다. 이대로 가다간 건강을 부지 못해."

그 때 필자가 한마디 충고를 했다.

"자넨 뜻밖에 바보구먼."

"아니 바보라니? 아무리 친한 사이라지만 바보라니 너무 하잖아."

"틀림없는 바보야. 인간에게는 가능성과 한계가 있어. 가령 말이다, 달에 로켓을 쏘아올린다는 것 같은 일은 인류가 시작된 이래의 일이네. 인간이 아니면 해내지 못해. 대단한 거지. 현시점에 있어서의 인간이 갖는 가능성이네. 그런 정도의 일을 해내는 인간이지만, 한편 태어난 이상 반드시 죽는다고 알고 있으면서 어느 해, 어느 달, 무슨 병으로 어디서 몇 살에 죽을지 아무도 알지 못하네. 그야말로 하찮게 만들어진 것이 인간이네. 그것이 인간이 갖는 한계가 아닌가? 이 가능성과 한계를 언제나 끄떡없이 잡고 있는 각오가 되어 있는 것이 사람이네. 자네만큼 우수한 인간이 밤잠도 안 자고 생각해도 좋은 아이디어가 떠오르지 않는다, 사장이 잔소릴 늘어놓아 화가 치미니까 그만둔다고. 그 점이 바보라는 거야. 철저하게 생각하는 것은 가능성을 시험

철저하게 생각하는 것은 가능성을 시험한다는 뜻에서도 좋은 일이야.

▶ 자기 암시:

한다는 뜻에서도 좋은 일이야. 그 이상 생각해도 좋은 아이디어가 떠오르지 않는 건 지금의 경우 자네라는 사람이 한계점에 도달한 것이네. 그럴 땐 나로서는 여기까지, 나머지는 하느님이거나 부처님이거나 간에 맡겨버리고 벌렁 드러눕겠네. 얼마 후 잠이 깨네. 휴식 취한 맑게 갠 머리에 문득 아이디어가 떠오르는 법이야. 지친 머리로 한계를 넘어 생각하고, '좋은 생각아, 떠올라라' 하는 건 일종의 응석이네. 이 가능성과 한계를 파악하여야만 어엿한 각오가 서는 것이야."

그는 삼사 일 뒤에 필자에게 전화를 걸어왔다.

"회사 그만두지 않겠어."

하고, 마음의 건강을 되찾은 것이다.

6. 어느 누구나 풍요를 갈구한다

"내가 품은 사상은 그 모두가 돈 없음에 기인한 듯, 가을 바람이 분다."

어느 시인은 이렇게 노래를 불렀다.

"수많은 병 중에 가난보다 더 아픈 병은 없다."

맑게 갠 머리에
문득 아이디어가
떠오르는 법이야.

▶ 실천 사항:

라고 누가 그랬는지 읽은 기억이 있다.

"여봐라. 돈아, 제발 하룻밤만 묵어 다오."

하고 오늘 중으로 내놓아야 할 돈을 껴안은 인사도 있었다. 모두가 풍요로운 생활을 원하면서 얻지 못하는 쓰라린 정을 토로하고 있다. '여하튼 세상은 색과 욕'이라고 외치는 동시에, '인간이란 욕심에 손발이 돋아난 물건'이라고 쏘아붙인 작자도 있다.

욕심에는 여러 가지 종류가 있으나 풍요와 직결하는 금전욕이나 생활의 안정을 희구하는 욕망은 한결 강렬하다. 그러므로 돈을 벌게 해 주는 사람, 가난에서 지켜 주는 사람은 환영을 받게 마련이다.

일본의 모 일류 기업의 회장 H씨의 젊은 시절의 이야기이다. 18세에 독립하여 바클의 특허를 얻어 돈을 벌고, 다시 샤프 펜슬을 개발하는 등 늘 독창적 제품을 세상에 내놓고 있었던 H씨였으나, 관동 대진재 뒤로는 허허벌판이 된 도쿄를 뒤로 하고 상업 도시인 오사카에서 한번 뛰어볼 마음을 먹게 되었다. 그런데 과연 어떻게 될 것인가, 잘 될지 못 될지, 무슨 종류의 사업이 될지, 그것은 아무도 알지 못했다.

H씨는 점원들을 불러놓고 작별의 말을 하였다.

"성공만 하면 틀림없이 부른다. 그 때까지는 고생이 되더라도 이 도쿄에 남아 있으라."

욕심에는
여러 가지
종류가 있으나
풍요와 직결하는
금전욕이나
생활의 안정을
희구하는
욕망은 한결
강렬하다.

▶ 자기 암시：

고락을 같이하면서 키워 온 종업원들이다. 헤어지고 싶지는 않았으나, 이대로 데리고 가서 고생시키고 싶지는 않았기 때문이다. 그러나 그들은 말을 듣지 않는다.

"윤곽이 서지 않았으니 다 가야 합니다. 같이 가서 일하겠습니다."

이 때 H사장은 이 믿음직한 종업원들을 반드시 큰 재산가로 키워주리라고 결심하였다고 한다. 현 간부 중에 그 때의 사람이 있다. 그런데 1950년, 불경기 바람이 일본을 휩쓸어 H씨의 제품도 잘 팔리지 않아 사업은 곤경에 빠졌다. 그는 거래 은행에 융자를 간청하였으나 은행은 머리를 가로저을 뿐이었다.

"종업원을 내보내고 경영의 합리화를 하십시오, 그런 다음에 의논하기로 합시다."

결국 이야기는 이런 방향에서 낙착되었다. H씨는 고민하였다. 이대로 나가면 회사는 쓰러진다. 쓰러지지 않기 위해서는 은행 융자를 받아야 한다. 그런데 그렇게 하려면 종업원을 내보내지 않으면 안 된다. 그러나 H씨는 그럴 수 없었다. 종업원이 잘못하여 회사가 기울어진 것은 아니다. 그런데 어떻게 불황이라고 내보낼 수 있는가? 사랑하는 사원을 내보내느니 회사를 버리자. 회사 재산 모두를 털어 사원에게 나눠주고 회사를 버릴 결심을 하였다.

> 사랑하는 사원을 내보내느니 회사를 버리자. 회사 재산 모두를 털어 사원에게 나눠주고 회사를 버릴 결심을 하였다.

▶ 실천 사항:

이에 놀란 것은 노조였다. 그들은 사장의 뜻을 알고 울면서 뜻을 바꿀 것을 촉구하는 한편, 스스로 희망 퇴직자를 모집하여 태세를 바로잡고 죽기를 각오하고 일하였다. 이윽고 회사는 다시 성황을 맞아 약속한 대로 해고자는 모두 불러들였다고 한다.

7. 단결이야말로 최상의 힘이다

즐겁게 살고자 원하는 사람이 대부분인데, 현실은 서로 미워하고 다투는 사람이 많다. 정말은 사이 좋게 지내고 싶으면서도 막상 맞닥뜨리면 외면을 하는 것은 사람의 마음이란 질투심이 있기 때문이라고도 할 수 있다. 도요토미 히데요시가 아직 도기치로일 무렵, 그는 이렇게 생각하였다고 한다.

"노부나가 공은 다이묘의 아들로서 호령할 숱한 부하를 거느리고 있다. 그런데 나는 말단 졸병으로 호령받는 쪽이다. 이처럼 약한 입장에 있는 내가 살아가려면 어떤 생각을 가지고 처신하여야 할까? 그렇다. 만나는 사람 모두와 사이 좋게 지내는 일일 것이다. 세 사람과

▶ 자기 암시 :

사이 좋게 지내면 삼인력, 열 사람이면 십인력, 백 사람이면 백인력이나 마찬가지가 아니겠는가? 그러면 우선 주인 어른인 노부나가 공과 사이 좋게 지내려면 어떻게 하여야 할까? 옳지, 주인에게 이득을 얻게 해 주면 될 것이다."

그는 그렇게 생각을 굳혔다. 그 뒤로 그는 스미마다의 축성이라는 공을 세워 1백 관의 봉급자에서 일약 5백 관의 토지를 얻게 되었다. 소득 오 배가 올랐다. 이 때 그는 고개를 갸우뚱거리고 있었다.

"소득이 늘어난 것은 고마운 일이지만, 내가 받은 토지는 역시 노부나가 공의 영토이다. 내 영토가 커지면 반대로 노부나가 공의 영토가 줄어들지 않는가? 주인에게 손해가 가게 하는 것은 가신으로서 할 만한 일이 못 된다. 그래 한 번 더 분발하여 적의 영토 천 관 몫을 빼앗아다가 그 중 5백 관을 영토로 받는다면, 결국 노부나가 공이 5백 관 이득을 보게 된다."

그리하여 그는 그대로 실행하였다. 결국 노부나가는 5백 관을 벌었던 것이다.

"노부나가 공이 좋아하는 것은 말과 원숭이다."
라고 그 때 전해진 것은 이 때문이다. 마술을 즐기는 노부나가는 말을 사랑하였다. 그리고 원숭이는 물론 도기치로의 외관상 모습이 원숭이와 닮았다고 해서 붙여진

주인 어른인 노부나가 공과 사이 좋게 지내려면 어떻게 하여야 할까! 옳지, 주인에게 이득을 얻게 해 주면 될 것이다.

▶ 실천 사항:

별명이지만, 그의 노력을 사랑한 노부나가는 도기치로의 노력에 대하여 무한한 신뢰와 애정을 기울였다. 미천한 심부름꾼을 쥬고큐 파견군 총사령관으로 발탁한 것도 그 때문인 것이다. 그러한 도기치로가 스스로 부하들 거느리게 되었을 때 어떻게 생각하였던가?

'부하와 사이 좋게 지내려면 역시 부하로 하여금 이득을 보게 하면 될 것이다.'

시종일관이다. 그는 질투심이 조금도 없었을 뿐만 아니라, 언제나 남에게 이득을 보게 함으로써 그들과 모두 사이 좋게 지냈다. 그와 사귀는 사람은 정신적으로 무엇인가를 배우든가, 아니면 물질적으로 수입이 늘든가 하였다. 따라서 사람들은 그를 위하여 죽기를 무릅쓰고 일하였다.

이리하여 히데요시는 천하 통일의 영웅이 되었다. 그의 몸으로써 제시한 설득력의 특징은 상대방과 사이가 좋아지기 위하여 상대방에게 이득을 얻게 한다는 자세에 있다. 그의 말이 부드럽게 사람들에게 받아들여진 것은 이 때문이고, 즐겨 따른 것도 역시 그러한 데에 까닭이 있다.

▶ 자기 암시:

8. 가장 두려운 것은 고독이다

아무도 거들떠보지 않는 외톨박이만큼 서글픈 것은 없다. 많은 사람에 에워싸였을 때는,

'아, 더러 혼자 있어 봤으면…….'

하고 생각하는 일은 있어도 막상 하늘 아래 오직 혼자 몸인 자신을 상상하였을 때에는 등골이 오싹해짐을 느낄 것이다.

사람은 고독에는 견디기 어렵다. 고독하게 되지 않기를 바라면서도 어쩔 수 없이 고독한 생활을 하지 않으면 안 되는 일도 있다. 그럴 때 뜻밖에 날아든 한 통의 편지는 얼마나 마음의 위로가 되는지 모른다. 누군가의 편지에,

"잊지 않았기 때문에 생각나지 않습니다."

라고 하였었다. 우리는 여느때 잊어버리고 있었기 때문에 문득 생각나곤 하는 일이 있다. 생각나지 않는다는 것은 언제나 잊지 않고 있기 때문이며, 그만큼 당신을 생각하고 있다는 뜻이다.

이처럼 애절한 마음을 송두리째 털어놓아 사나이의

사람은 고독에는 견디기 어렵다. 고독하게 되지 않기를 바라면서도 어쩔 수 없이 고독한 생활을 하지 않으면 안 되는 일도 있다.

▶ 실천 사항:

마음을 움켜잡는 점에 있어서 이 한마디보다 더 나은 것은 없을 것이다.

모 회사의 전무가 갑자기 뇌일혈로 쓰러져 입원하였다. 물론 회사에 다시 나가기까지는 몇 달이나 걸려야 할 것이다. 그는 고독과 초조를 면할 수 없었다.

사장은 진작부터 전무를 달갑게 생각하고 있지 않았었다. 그것을 전무도 알고 있었다. 중견 기업이라고는 하지만 당대에 자수성가한 J사장은 매사에 독자적인 사람이었다. 중역진은 모두 사장의 친척들로서 그의 얼굴빛을 살피기에 급급한 존재들이고, 때문에 또 사장은 우쭐한 기분인 것이다.

오직 하나 전무만은 완전한 남이고, 그런 데다가 우직하기도 하였다. 사장에게 있어서는 꺼림칙한 존재였다. 그런 전무가 쓰러졌다는 것은 차라리 사장으로서는 기쁨이기조차 하였다. 따라서 그는 문병을 갈 생각도 하지 않았다.

우수한 여비서는 그것을 보고 회사를 위하여 근심하였다. 지금은 달갑지 않은 존재일지도 모르나 전무야말로 장차 이 회사의 기둥이 되어 사장을 떠받들고 나아갈 인재라고 생각하고, 그녀는 사장에게 진언하였다.

"사장님께서는 분주하셔서 지금 당장은 문병 가시기 어려울 테니 우선 저라도 가면 어떨는지요? 사장님께

▶ 자기 암시:

서는 틈나시는 대로 한 번 가시도록 하고요."

사장은 머뭇거리며 내키지 않는 눈치였다. 그래서 그녀는 위문품과 꽃을 들고 전무를 방문하였다. 전무는 눈물을 흘리면서 감사하였다. 병상에 홀로 드러누워 고독의 서글픔을 짓씹고 있을 때 찾아준 그녀의 입에서 나온 말은 의외로 이러했다.

"사장님은 여간 걱정하시는 게 아니랍니다. 치료에 각별 유의하시라고 하십니다. 우선 저더러 가서 뵈오라는 말씀이어서 이렇게 왔습니다만, 전무님은 회사의 대들보이십니다. 회사를 위해, 또 댁의 가족을 위해서라도 하루 빨리 완쾌되셔야겠습니다."

이 말은 그 전무를 울렸다. 그리하여 퇴원 뒤의 사장과의 협력을 곰곰 생각하는 것이었다. 사람은 고독을 싫어하고 따스한 사람의 손길이 내밀어지기를 고대한다. 그녀와 같은 사람의 설득력은 큰 것이다.

9. 잘못 뱉은 한마디가 목숨까지 위협한다

지금 이대로가 좋다고 생각하는 사람은 적다. 좀더

사람은 고독을 싫어하고 따스한 사람의 손길이 내밀어지기를 고대한다. 그녀와 같은 사람의 설득력은 큰 것이다.

▶ 실천 사항:

나아졌으면, 좀더 향상하였으면 하고 누구나가 생각하고 있을 것이 틀림없다.

"내게는 아무런 보장도 없지만 나는 오늘보다는 내일, 내일보다는 모레, 차차로 나아질 사람이다. 그렇다, 틀림이 없어!"

이 말은 지금 재계의 거두인 모씨가 심부름꾼 시절의 자기 자신을 보장하기 위해 한 말이었다. 그는 살아가는 방법을 아는 인간이라고 하겠다. 향상하고자 원하는 사람에 대하여 향상할 힘을 베풀어 주는 사람이야말로 설득력 있는 사람이라고 할 수 있으리라.

"네가 아직 갓난아이 적에 자리에 누워 있을 때, 아버지는 네 얼굴을 보고 이 아이는 반드시 훌륭한 인물이 될 것이 틀림없다고 하셨단다."

라는 할머님의 말을 들은 원로 애국 투사 모씨는 마음이 떨리는 듯한 감동을 느꼈다. 그는 80세를 바라보는 지금도 그 아버지의 한마디가 귀에 쟁쟁하다고 술회하고 있다. 이 아버지의 말에 격려되어, 아버지의 기대에 어긋나지 않게끔 그는 젊은 시절에 크게 분발하였다고 한다.

또 이런 이야기가 있다. 도쿠가와 이에야스는 소년기에 이마가와의 인질로 순푸에서 살았다. 매사냥을 하던 중 그가 날려 보낸 매가 이마가와 가의 시종 무사 하라

▶ 자기 암시:

미이시 몬도의 저택 안에 떨어졌다. 그는 그것을 집으러 저택 안으로 들어갔다. 몬도는 그것을 보고,

"저기 누가 미카와의 아이 놈 아니라고, 흥!"

하고 고개를 돌려 침을 탁 뱉었다. 그 때의 굴욕이 소년 이에야스의 마음에 못을 박았다. 뒤에 이마가와가 망하고 이에야스가 대성하였다. 그 때 몬도가 목을 늘이고 나타나서,

"제발 제에게 가신의 끝자리라도 부탁을 드립니다."

라고 하였을 때 이에야스는,

"그 때 그대는 뭐라고 그랬느냐?"

라고 힐문하였다. 몬도는 당황해하며 말했다.

"그런 실례의 말씀은 드린 기억이 없습니다."

"너는 잊었어도 나는 잊지 않았다. 미카와의 아이 놈이라고 조롱하며 침을 뱉지 않았던가? 너는 인정도 모르는 냉혈한이다. 오카자키 성주 마쓰다이라 히로다다가 죽임을 당하고 아들인 나는 볼모의 슬픔을 짓씹고 있었다. 어찌 한마디, 즉 '기다리면 좋은 날도 돌아올 테니 참으시오. 장차 올 날에 대비하여 자중 자애하시오.' 하는 정도의 말은 사람이라면 당연히 있어야 하지 않았을까? 그 때의 너의 말 한 마디, 분해서 지금도 잊지 못한다. 할복하라!"

말한 쪽은 마음이 후련할지 모르지만 듣는 쪽은 한탄

▶ 실천 사항:

지탄이었으나 돌이킬 수 없는 일, 몬도는 마침내 할복하였다. 몬도가 무심히 뱉은 한마디가 열세 살의 소년 도쿠가와 이에야스의 마음을 찢었던 것이다.

이 이야기를 명심하여야겠다. 말을 골라서 쓰는 습관을 평소에 길러야 한다.

10. 힘든 일도 즐겁게 해내야 한다

재력 · 지위 · 명예, 무엇이고 간에 좋다. 실력을 가지고 싶지 않은 사람은 없을 것이다. 비록 인격이 고결할지라도, 교양이 풍부할지라도, 힘이 없으면 밀리고 만다. 그것이 이 세상의 현상인 이상 사람은 누구나 실력을 지니고 싶어한다.

실력을 얻기 위하여 사람은 노력을 아끼지 않는다. 그 무슨 자격을 따기 위하여 공부하는 사람, 능력을 높이기 위하여 일에 정진하는 사람, 옆에서 보아도 아름다운 것은 그와 같은 모습일 것이다.

A제지 회사 사장 모씨는 학교를 졸업하자 바로 B제지 회사에 입사하여 서무를 보게 되었다. 그런데 서무

비록 인격이
고결할지라도,
교양이
풍부할지라도,
힘이 없으면
밀리고 만다.

▶ 자기 암시 :

부장 C씨는 엄격한 사람이어서 모씨가 자기 맡은 일을 마치고 잠시 쉬려고 하면,

　"이봐, 내 일 좀 도와 주어."

라고 한다. 풋내기 평사원이 부장의 일을 거들게 되는 것이다. 잘 몰라서 어물어물하고 있으려면,

　"왜 이리 멍해."

라고 하면서 사정없다. 화가 난다. 서무계에서는 특허라든가, 회사 설립이라든가, 여러 가지 수속에 관한 일이 계속 꼬리를 문다. 회계사나 법무사 등 전문가가 맡을 일인데, 부장은 절대로 그런 사람에게 의뢰하라고는 하지 않는다. 그는,

　"자네가 하게"

라고 말하는 것이다. 백면 서생이 알 까닭이 없다. 등기소에 가서 물으면,

　"초심자는 알기 어려우니 법무사에게 부탁하시오."

　한다. 법무사에게 머리를 숙이고, 등기소 직원에게 머리를 조아려, 기입 방식을 배운다. 몇 번이나 내왕하고 번번이 고쳐 써야 하고, 딱지 맞고, 바쁘다는 핑계로 쳐다보지도 않아 우두커니 기다려야 하는 수가 많았다.

　모씨는 이를 악물고 참았다. 지독한 상사라고 한때는 부장을 원망하기도 하였다. 그러나 날이 감에 따라 상황은 달라져 갔다.

▶ 실천 사항:

법무사에게
머리를 숙이고,
등기소 직원에게
머리를 조아려,
기입 방식을 배운다.

열 번, 열다섯 번 찾아다니는 동안에 등기소 사람들과 친해지고,

"수고가 많은데."

라고 동정을 사게 되고, 나중에는 자진하여 이것 저것 가르쳐 주기에 이르렀다. 그리하여 어엿이 전문가의 손을 빌리는 일 없이 모든 등기를 완전히 끝마칠 수가 있었던 것이다.

"어때, 하면 되잖아."

부장은 비로소 빙그레 웃었다. 그제서야 모씨는 부장의 깊은 배려를 알게 되었다.

"감사합니다."

그가 진심으로 고개를 수그린 것은 그 때이다.

또 필자의 친지 한 사람이 이런 말을 들려 준 적이 있다. 그가 처음 회사에 입사하여 평사원으로 있을 때 하루는 사장이 지나가다가,

"일은 재미있는가?"

라고 물어 왔다, 그는 재미 없다고도 할 수 없어,

"네, 재미있습니다."

하고 대답하였다. 그러나 사장의 눈은 밝았다.

"재미 없는 일을 해달라고 회사는 월급을 주고 있다. 힘든 일을 즐겁게 해낼 수 있도록 연구하도록!"

과연 뜻있는 말이다. 일이란 힘이 들수록 연구를 거

재미 없는 일을 해달라고 회사는 월급을 주고 있다. 힘든 일을 즐겁게 해낼 수 있도록 연구하도록!

▶ 자기 암시:

듭하여 가는 동안에 실력도 차차로 붙게 되는 것이다.
이 사장에게는 설득력이 있었다고 보아야 할 것이다.

11. 자기를 진정 사랑하라

이제 세상은 급변하였다. 가속도와 감속 시대에 들어
가 양적 확대보다도 질적 향상을 지향하여야 할 대전환
기가 되었다. 그러나 다음 세대의 기업 발전의 추진력
이 될 젊은이는 기업에의 충성심 같은 것은 갖지 못한
듯이 보인다.

좋거나 그르거나 현상은 파악하지 않으면 안 된다.
기업 중심적 발상이 없고, 생활 중심 의식이 강한 젊은
이를 어떻게 기업 발전의 첨병으로 만들어 낼 수 있는
가는 오로지 상사의 역량 여하에 달렸다. 옛날은 좋았
었다고 한탄하여도 소용 없고, 과거에 미련을 남기는
자는 이미 그것만으로도 노화에의 제1보를 내디뎠다고
보아야 할 것이며, 그래서는 젊은이를 설득해 내지 못
한다. 왜냐 하면 그와 같은 사람은 젊은이와 상관없는
존재 이외의 아무것도 아니기 때문이다.

▶ 실천 사항:

이제 세상은
급변하였다.
가속도와
감속 시대에
들어가 양적
확대보다도
질적 향상을
지향하여야 할
대전환기가 되었다.

젊은이는 갓난아기와 다름없다. 갓난아기는 아무것도 모른다. 어버이의 깊은 사랑 속에 자라고, 사랑을 무의식 중에 느끼면서 성장하며, 어버이에게 애정을 품게 된다. 생후 얼마 되지 않은 아기가 그 어떤 사정으로 생모의 품을 떠나 양모의 손으로 넘어갔다고 하자. 그렇게 되면 아기는 생모의 사랑을 알지 못하고 양모에게서 어머니의 애정을 느낄 것이다.

"사랑은 피가 아니다."

라는 것도 이 경우 사실인 것이다. 신입 사원은 기업에의 애정도 충성심도 있을 까닭이 없다. 자기 회사에의 강한 애사심을 키워 주고, 충성심을 갖게 하느냐 못 하느냐 하는 것은 상사의 솜씨에 달렸다.

요즘 젊은이의 장점은 합리적 사고를 가졌다는 일이다. 그들은 납득이 가기만 하면 열을 올린다. 이 점이 섣불리 세파에 휘말려 혼탁한 처세술만을 몸에 지닌 세상 어른들보다 순진하고 믿음직스럽다. 상사는 그들을 납득시킬 만한 설득력을 갖지 않으면 안 된다.

그렇다면 무엇을 납득시켜야 하는가? 우선 첫째로 '자기를 살린다는 일의 중요성'에 대하여 그들을 납득시키지 않으면 안 된다. 젊은이는 취직에 즈음하여 자기는 과연 살려질 것인가, 또 기구의 중압과 조직의 그물에 휘말리어 개성은 매몰되고 마는 것이 아닌가 하는

▶ 자기 암시:

걱정을 가지고 있다. 그 걱정을 털어 버리고 회사는 그대들을 살리는 곳이라는 설득이 없어서는 안 된다.

진정한 성공자가 공유하는 것, 그것은 깊이 자기를 사랑한다는 일이다. 자기를 사랑한다는 것은 자기를 소중하게 하는 일이다. 그러므로 자기를 함부로 다루지 않는 일이다.

"나 같은 게 해낼 턱이 없다."

"난 안 돼."

하고 스스로 자기를 낮게 평가하며 함부로 다루는 짓을 절대로 하지 말아야 한다. 자기를 사랑하고 소중하게 다루는 일은 자기의 내용을 향상시킨다. 그리고 내용을 충실하게 하는 일이라고 그들은 이해하고 있다.

단 한 번의 소중한 인생, 단 한 사람의 나, 그렇다고 한다면 깊이 자기를 사랑하고 소중하게 다루지 않고 누가 도대체 자기를 사랑하고 소중하게 알아줄 것인가?

무엇보다도 먼저 자기의 내용을 향상시키자. 그것은 곧 공부하고, 깊이 사물을 생각하며, 일에 정진하는 일이다. 이 근본적인 마음의 자세의 확실성에 있어서 그들은 공통되고 있는 것이다.

▶ 실천 사항:

12. 목표를 세웠으면 어떻게 해서라도 계속하라

상사는 부하를 하루 빨리 강하에 키우려고 성급하게 일하는 방법과 태도 등을 가르치려고 하기가 일쑤이다. 그러나 성급하게 길들이려고 하여도 길들고 싶은 기분을 부하가 가져 주지 않으면 오히려 거부 반응을 일으키게 하는 결과가 된다.

그들에게 사원으로서 필요한 업무에의 종사 방식을 가르치는 것도 중요하지만, 동시에 '젊은이다운 생활 태도'도 아울러 가르치며 인도하는 일에도 상사의 설득력이 주효하지 않으면 안 된다.

"자네도 알고 있지, 그 R씨 말이야. 그분이 상담역이 되어 제1선에서 물러나셨을 때 이렇게 말씀하지 않았겠나. 자기는 지금까지 하고자 하는 일은 모조리 해냈다, 다 하지 못한 일은 없다, 참 잘 했다고 스스로의 손으로 어깨를 두드려주고 싶을 정도였다고. 어때, 그야말로 자신만만한 말 아닌가. 거기서 생각하게 되는데, R씨는 두말 할 나위 없이 성공자이지만, 성공자란 어떤 사람인가 하고 내가 깨닫게 된 것은 R씨가 말씀하

성급하게 길들이려고 하여도 길들고 싶은 기분을 부하가 가져 주지 않으면 오히려 거부 반응을 일으키게 하는 결과가 된다.

▶ 자기 암시:

신 바와 같이, 하고자 한 일을 해낸 사람이 성공자라는 것이다. 그 반면 실패자·낙오자란 하고자 하는 일이 산더미처럼 쌓였는데도 아무것도 해내지 못한 사람이 실패자·낙오자가 아닐까? 그래서 우리는 하고자 하는 일을 해낼 수 있는 편에 꼭 끼어야 해. 규모의 크고 작음은 아무래도 좋다. 아무리 작은 일이라도 하고자 하는 목표를 세워 그것을 하나하나 실행해 나간다. 그런 것이 몇 번 포개어져서 끝내는 훌륭한 성공자가 된다는 것이다. 그러니까 자네도 하고자 하는 목표를 우선 세워야 해, 이 목표가 없으면 뭘 해야 좋을지 모른다. 가령 백만 원의 돈을 갖고 싶다든가, 외국 여행을 가고 싶다든가, 귀여운 아가씨를 연인으로 삼고 싶다든가, 뭐든지 좋으니 목표를 세운다. 즉, 하고자 하는 일을 정한다. 정했으면 점검할 차례다. 자네가 지금 결정을 하고자 하는 일, 그것이 동시에 '하지 않으면 안 될 일'과 합치하는지 어떤지. '하고자 하는 일'이 바로 '하지 않으면 안 될 일'이라면 문제 없어. 반드시 해낼 방법을 생각해 낼 것이기 때문이다. 이번 정초에 한 젊은이가 집에 오더니, 선배님이 하고자 하는 일의 목표를 세우라고 귀찮게 권하므로 일을 정했다고 그러는 거였어. 뭘 하고 싶은가 하고 물으니 올해는 꼭 일기를 쓰겠다, 아니 쓰기로 하였다. 그거야 좋은 일이라고 했더니, 초

▶ 실천 사항:

아무리 작은
일이라도 하고자
하는 목표를 세워
그것을 하나하나
실행해 나간다.

하루부터 2일, 3일에는 어찌나 많이 썼던지 종이가 모자란다고 했다. 요령 있게 생략해서 써야지 하고 충고해 주었는데, 어떻게 됐다고 생각하나? 온갖 정열을 쏟고 있었는데, 15일부터 20일이 되면서 차츰 글자 수가 줄더니 2월 1일에 가서는 쓸 것이 없어졌다나. 이래서는 안 돼, 다시 말해서 일기를 쓴다는 목표를 일단 세웠으면 어떻게 해서라도 계속 쓰지 않으면 안 된다, 해내지 않으면 안 된다는 사명감으로까지 높여야 돼. 그렇지 않으니까 도중에서 좌절하거나 탈락되고 마는 것이지. 하지 않으면 안 된다고 위에서 내리누르면 싫은 생각이 들지만, 자기 가슴에 엔진이 걸려 있어 이것만은 꼭 해내지 않으면 안 된다고 생각하는 사람은 싫은 마음은커녕 즐거워진다. '하고자 한다'는 목표, '해내야 한다'는 사명감, 이것을 한 끈에 묶어 낸 사람이 성공한 사람, 즉 하고자 하는 일을 해낸 사람이다. 자네도 남자로 태어나 하고자 하는 일을 해내지 못한다면 산 보람을 느끼지 못한다. 안 그런가?"

▶ 자기 암시:

13. 이긴다, 이긴다 하고 생각하면 이긴다

진정 자기를 사랑하고 소중하게 아는 사람은 자신의 내용을 좋게 하고 높이려고 한다. 왜냐 하면, 그렇게 하지 않으면 자기를 살릴 수 없기 때문이다. 내용이 빈약하여서는 살리고 싶어도 살려내지 못하기 때문이다.

"어차피 나는 내 나름 대로밖에 살 수 없으니까."라고 비관적인 젊은이가 부하 중에 있거든 이렇게 격려해 주어라.

"그렇고 말고, 자기를 높여야 해. 그것을 위해 배우고 듣고 생각하고 정진하는 것이다. 자기의 내용이 좋아지고 충실해지면 사회도 회사도 자네를 환영한다. 그런 사람을 모두가 기대하고 찾으려고 한다. '나름' 대로밖에 살지 못한다고 체념하지 말고, '답게'는 살 수 있다고 분발하게. 자기를 살린 사람, 살려낸 사람은 모두 사물을 밝게 받아들인다는 점에서 공통되고 있다. 그러므로 언제나 희망을 안고 살아간다. 그들이 사는 모양을 보고 있으면 희망은 남이 주는 것이 아니고 자기 스스로 만들어 내는 것이로구나 하는 생각이 들어."

▶ 실천 사항:

그리고 커피라도 마시면서 더러는 일에서 떠나 이야기해야 한다. 그들에게 공통되는 명랑성과 건강성은, 언제나 그들이 자기의 앞날에 밝고 큰 기둥을 세우고 있는 일이라고 젊은이들에게 말해 주면 된다.

그것은 '나는 반드시 좋아질 인간이다' 라는 기둥이 된다. 살아 있는 동안에는 어려운 일도 슬픈 일도 있다. 그것이 싫으면 죽어 버려라. 그러나 죽어 버리면 기쁨도 즐거움도 없다. 고생스러운 일, 슬픈 일이 있는가 하면 즐거운 일도 기쁜 일도 있는 것이 인생이다.

여하튼 나는 반드시 좋아질 인간이라고 자기가 자기에게 보장하고 나서는 점이 그들의 재미있는 점이다. 그러므로 도중의 곤란 따위에 손들 필요가 없는 것이다. 이 자기 암시가 살아가는 데 있어서 너무나 중요한 것이다.

이긴다, 이긴다고 생각하면 이긴다. 진다, 진다하고 생각하면 져 버린다는 것을 알아야 한다. 스스로가 스스로를 보장하는 것이 가장 확실하다. 남은 좀처럼 기대하지 못한다. 나름대로의 사정이 있으므로 남을 의지하다가 실망하는 일이 많다.

나는 이긴다고 자기 보장을 한 뒤에, 나는 반드시 좋아질 인간임에는 틀림없으나, 그렇다면 좋아지기 위해서는 지금 어떻게 하여야 하는가 하고 현실 처리에 대

고생스러운 일, 슬픈 일이 있는가 하면 즐거운 일도 기쁜 일도 있는 것이 인생이다.

▶ 자기 암시:

하여 열심히 생각하노라면, 자연 거기서 방법을 터득하게 된다.

이러한 사고 방식이 그들에게 이상하게도 공통되고 있다. 이와 같은 주관이 서 있기 때문에 현재 나이가 젊거나, 돈이 없거나, 지위가 낮거나 하등 개의치 않는다. 하루하루를 즐겁게, 나는 오늘보다 내일, 내일보다는 모레, 점점 좋아질 것이 틀림없다고 굳게 믿는다. 실로 밝고 건강한 발상이다. 남의 방해가 되지 않는다.

이 밝고 큰 기둥이 서지 않으면 언제나 외부 사정에 휘말려 마음이 가라앉을 겨를이 없고, 불안스러워 마음이 산란하고 불평 불만이 떠날 날이 없다. 세상이 나쁘다, 경영자란 하나도 똑똑한 놈은 없어, 상사는 멍텅구리이고, 친구는 믿음성이 없고, 여자는 박정하다, 늘 비가 오니 어디 뭘 하겠나 하고 짜증을 부린다. 이렇게 되면 끝장이다.

14. 희망으로 가는 길

확실히 요즘 젊은이는 남이 이렇게 저렇게 지시하거

하루하루를 즐겁게, 나는 오늘보다 내일, 내일보다는 모레, 점점 좋아질 것이 틀림없다고 굳게 믿는다. 실로 밝고 건강한 발상이다. 남의 방해가 되지 않는다.

▶ 실천 사항:

나 가르치거나 하는 것을 싫어한다. 그것은 남의 강제가 자기의 자유 의사를 속박하거나, 짓뭉개 버리지나 않는가 하는 불안이 있기 때문이다.

그들은 스스로 납득만 하면 정말 잘 한다. 그런 젊은이의 실정을 모르고 옛날 그대로의 명령조나 두말 못하게 한다는 탄압적 태도로 임하면 그들은 당연히 반발할 것이다. 교도하는 데 있어서도 가치관의 추이를 파악하고 있지 못하면 낡은 사람으로 몰리고 만다.

그렇다고 해서 간지러운 목소리로 젊은이를 추어올리며 저자세로 임하여도 그들은 기뻐하지 않는다. 업신여길 뿐인 것이다. 중요한 것은 정당한 도리를 말해 주는 일이다.

그렇게 함으로써 성장을 도와주는 것이다. 그러한 상사의 말씀이라면 그들은 기꺼이 흉금을 털어놓고 귀를 기울인다. 상사는 그들에게 업무상의 지식을 가르침과 동시에 이 세상을 과감하게 살아가기 위한 올바른 지혜를 일깨워 주어야 한다. 감사하지 않을 까닭이 없다. 그와 같은 설득력의 중첩이 얼마나 부하 젊은이들의 신뢰와 애정를 모을지 헤아리기 어려운 바가 있다. 이런 이야기를 들어 보자.

"줄기차게 살아온 사람은 한결같이 사물을 받아들이는 태도가 밝고 그늘이 없다. 생각이 자주적이고 적극

상사는 그들에게 업무상의 지식을 가르침과 동시에 이 세상을 과감하게 살아가기 위한 올바른 지혜를 일깨워 주어야 한다.

▶ 자기 암시:

적이지. 맨주먹으로 상업계의 거두가 된 사람이 있어. 이 사람이 어려서 고향 집을 뛰쳐나올 때는 야반 도주나 다름없었다. 가장 먼저 한 돈벌이는 냉차 장사였다. 한강 물을 길어다가 설탕을 조금 넣어 휘저어 가지고 종로 한복판에서 '시원한 얼음물, 시원한 얼음물이 한 잔에 십 원!' 하고 외쳤었다. 그 당시의 한강 물은 차고 깨끗하였다. 더운 여름날의 한낮에 이것이 날개 돋친 듯이 팔렸다. 그는 이 찬물로 한밑천 잡았다. 어떻든 재료인 물은 그냥 있었으니 말이지. 이 설탕물을 사마신 어떤 손님이 중얼거렸다. '서울이란 지독한 데야, 물을 마셔도 돈이 드니.' 그러나 그는 뒤에 싱글거리면서 혼잣말을 하였다. '서울이란 고마운 데야. 맹물 가지고 돈벌이 하잖았나.' 받아들이는 방법이 근본적으로 달라. 어떤 회사가 번화가의 고층 빌딩에 세를 들게 되었다. 중역이 이것을 회장에게 보고했다. '사장님, 마침 비어 있는 층이 없어서 얻은 층은 13층입니다. 다 나가고 없어서 하는 수 없이…… 13은 서양에서는 꺼리는 숫자입니다만.' '잠깐만…… 13의 어디가 나쁘다는 게야. 10에서 3을 빼면 럭키 세븐이 아닌가. 재수 있겠는데. 좋은 층을 빌렸네. 축하한다, 분발하게나."

  13이 나쁘다고 하지만 과학적 근거는 없다. 또 럭키 세븐이라고 해서 수지가 맞는다는 보증은 없다. 그런

▶ 실천 사항:

잠깐만……
13의 어디가
나쁘다는 게야.
10에서 3을 빼면
럭키 세븐이 아닌가.
재수 있겠는데.

건 아무래도 좋다. 다만 13이라는 숫자를 보았을 때 이 것을 어떻게 받아들이는가가 문제이다. 사장은 수지 맞을 거라고 밝은 방향으로 해석하고, 중역은 괜찮을까 하고 어두운 쪽으로 해석했다. 그 점이 다르나, 일은 해 보지 않으면 모른다. 모르는 일을 처음부터 비관하는 것과 모르기 때문에 희망적으로 생각하는 것과는 마음의 자세부터가 다르다. 여기가 갈림길이 된다.

15. 열심만으로는 모자란다

일본의 모 경제 잡지 주최의 좌담회가 있었다. 일류 회사에 취직이 정해진 30명의 남녀 대학생 상대였다. 한 대학생이 이렇게 말하였다.

"어쨌든 나머지 반 년의 학창 생활을 맘껏 즐기고, 입 사하면 열심히 일하겠습니다. 그렇게 하면 되잖아요, 열심히 하기만 하면 지나치게 어렵게 생각할 건 없을 것 같아요."

"흐음, 과연. 물론 열심히 한다는 건 좋은 일이다. 불성실해서는 곤란하다. 그런데 하나 더 깊이 생각해야

▶ 자기 암시:

하지 않을까. 세상에는 열심인 사람이 많다. 천 명 중 9백99명까지는 열심인 것이다. 나쁜 사람이란 그리 흔한 건 아니니까. 하지만 열심히 한다는 것뿐으로 한평생을 대단치도 않게 끝마쳐 버리는 사람이 숫자상으로는 가장 많다. 이 점을 마음에 새기지 않으면 안 된다. 예를 들면 오다 노부나가의 심부름꾼은 모두 열심이다. 노부나가라는 사나이는 불성실한 인간을 그대로 두어 둘 만큼 호락호락한 인간이 아니다. 그러므로 그의 심부름꾼은 모두가 열심이다. 오직 그것뿐이야. 한평생 한눈 팔지 않고 열심히 다른 사람 심부름꾼으로 돌다가 마지막에 가서는 서생 정도로 생애를 마친다. 그들은 결코 불성실하지는 않다. 성실한데도 왜 밑바닥에서 헤어나지 못했는가. 어딘가 빠진 데가 있음이 틀림없다. 창의와 연구심이 빠진 것이다. 그들에서 기노시다 도키지로는 열심이면서 연구심이 있었다. 상전의 신을 품에 넣어 녹였다. 다른 심부름꾼에게는 이 연구심이 없다. 노부나가는 놀라며 주시하였다. '연구심이 있다. 이거 쓸 만하다. 크게 장래성이 있다. 심부름꾼으로 처박아 두기에는 너무나 아깝다.' 거기서 끌어올려 다른 일을 시켜 보니 뭐든지 잘 한다. 보물을 주웠다는 생각으로 끌어올려 무사로 만들었다. 어떤 이는 도키지로의 속임수라고 하지만, 그것은 맞지 않은 이야기다. 노부나가

▶ 실천 사항:

는 부하의 속임수에 속아넘어갈 사나이는 아니다. 물론 도키지로에게도 자기 PR이 없었다고는 못 한다. 언제까지나 심부름꾼으로 둘 작정은 아니다. 긴 평생에 2년이나 3년쯤 심부름꾼도 좋겠지. 하지만 오래 해서는 안 된다. 일찌감치 발을 빼기 위해서는 남과 같은 짓을 하여서는 눈에 띄지 않는다. 그런 생각이 없었다고 한다면 거짓말이 되겠지. 어서 눈에 띄어 끌어올려 주기를 원하였을 것이 틀림없다. 그러나 동시에 노부나가의 애정과 헌신이 있었다. '노부나가는 강건한 사람이지만, 살아 움직이는 인간이라면 추운 겨울의 날 샐 무렵이나, 밤에 맨발이 필시 차겠지. 나로서는 할 일이 없겠는가. 그렇다. 노부나가 공의 신발을 가슴에 품어 녹이면 노부나가 공의 발도 차지는 않을 것이 아닌가.' 그렇게 생각하였으므로 그는 그것을 행하였다. 단순한 자기 PR만으로는 거기까지는 할 수 없지 않은가. 아무튼 이 경우의 도키지로의 행위에는 일을 살리기 위한 성실과 창의와 연구가 없었다. 그것이 노부나가의 눈에 띄고 그 결과 발탁되었다. 그러나 다른 동료에게는 이 연구가 하나도 없었다. 모두 진지하고 열심이었으나 한 가지 생각이 모자랐던 것이다. 봉급을 올려주면 신발을 가슴에 품어 녹여도 좋다 하는 정도의 사람이 그것이다. 이 점을 깊이 감안해야 한다."

일찌감치 발을 빼기 위해서는 남과 같은 짓을 하여서는 눈에 띄지 않는다.

▶ 자기 암시:

16. 싫어도 인정받는 방법을 연구하라

누구나 자기의 가치를 남이 인정해 주기를 바라며, 인정해 주지 않으면 신이 나지 않는다. 인정받기 위하여 노력하고 연구하고 전진하는 것은 나쁜 일은 아니다. 좋은 일이다. 인정받는다는 것만을 목표로 일을 하였을 경우, 만약 인정해 주지 않으면 어떻게 될까? 얼마 전에 어느 술집에서 30세 정도의 사원 중의 세 사나이가 얼굴을 새빨갛게 만들어 가지고 말하고 있었다.

"우리 회사 인사 과장만큼 물정 모르는 작자도 없어. 뭘 하거나 인정해 줘야지. 그 작자는 사람을 보는 눈이 없어. 그래 가지고 어떻게 인사 과장 자리를 지키는지 모르지, 마흔두 살까지나 살다니, 빨리 죽어 버리기나 했으면 좋겠어."

남을 저주하는 말이다. 남을 저주한다고 잘 되는 것은 아니다. 또 저주받은 작자는 여간해서 죽지 않으니까 소용도 없다. 그보다도, 다시 생각해서 어떻게 하면 남이 나를 인정해 줄까를 생각하기보다, 어떻게 하면 남을 기쁘게 해 줄 수 있는가를 생각하면 된다. 그러면

▶ 실천 사항:

기뻐해 주지 않더라도 자기의 양심이 만족하리라. 그러는 편이 중요하다.

유명 회사의 사장 H씨가 대학을 나와 일류 회사에 입사했을 때 가장 먼저 맡겨진 일은 신문 배달이었다고 한다. 각 과장 책상 위에 아침마다 신문을 돌리는 역할이었다. H씨는 화가 나서 견딜 수가 없었다. 하루는 하숙집 아주머니를 붙들고 말했다.

"주인 아주머니, 나 회사 그만 둘까 해요."

"어머, 왜요?"

"화가 나서 안 되겠어요. 아주머니, 잘나서 그러는 건 아니지만, 나는 적어도 대학을 우수한 성적으로 졸업했어요. 그런데 맡겨진 일이란 겨우 초등학교 출신이나 할 신문 배달이라니. 회사는 사람을 쓸 줄 몰라요. 화가 나서 그만 뛰쳐나올까 해요."

"이 불경기에 75원만이나 월급을 주는 회사가 어디 있어요? 그리고 급사라도 해낼 만한 신문 배달 일이라고 하지만, 그런 수월한 일을 언제까지나 대학 출신에게 시키지는 않을 걸요."

듣고 보니 H씨도, 하기는 생각할 나름이라고 마음을 고쳐먹고, 그렇다면 좀더 자기 일에 머리를 써야겠다고 결심하였다.

아침마다 과장들은 출근하면 책상 위에 놓여 있는 여

급사라도 해낼 만한 신문 배달 일이라고 하지만, 그런 수월한 일을 언제까지나 대학 출신에게 시키지는 않을 걸요.

▶ 자기 암시:

러 가지 신문 속에서 관심 있는 신문을 찾아들고 읽기 시작한다. '바로 이거다' 하고 H씨는 생각하였다. 그는 방식을 바꾸었다.

각 과장 책상 위에 올려놓는 신문을 이제까지는 대강 가지런히 해놓기만 하였는데, 이번에는 부채꼴로 펴놓았다. 그 당시는 신문 이름이 오른쪽 어깨에 써 있었다. 그래서 거기만 보이게 했던 것이다.

이것이 과녁을 맞혔다. 찾아낼 필요가 없었다. 첫눈에 무슨 신문인지 알 수 있었다.

"이렇게 머리가 돌아가는 신입 사원은 누구야? H군? 뭐 그런 이름의 사원이 있었나?"

단번에 각 과장들의 호의와 흥미를 모았다. H씨는 성실함 위에 연구심을 보태어 이름이 알려졌다. 상대방을 기쁘게 해 주려고 한 점에서 이 연구는 빛을 보았다. 지위는 없으나마 서비스는 할 수 있다. 이런 이야기라면 젊은이들도 납득할 것이다.

상대방을 기쁘게
해 주려고
한 점에서 이 연구는
빛을 보았다.
지위는 없으나마
서비스는 할 수 있다.

▶ 실천 사항:

17. 난처한 입장을 역전시키는 법을 배워라

어떤 판매 회사의 젊은 사원이 필자에게 이렇게 술회한 일이 있다.

"회사와 손님과의 사이에 끼어 아주 난처했습니다. 회사를 세우자니 손님이 화낼 테고, 손님을 세우자니 상사에게 책망을 듣겠고, 어떻게 해야 합니까? 그런데 회사는 고객은 왕이라고 내세우니 말입니다. 그런데 실제는 어디 그런가요. 그 점이 난처합니다. 정말 무슨 좋은 안이 없을까요? 있으면 가르쳐 주십시오."

그는 심각한 표정이었다. 이야기는 다음과 같다. 어떤 부인이 물건을 사고 돈을 치른 다음 리스트를 가지고 상품 인도장으로 갔다. 이윽고 매장에서 물건이 인도장으로 운반되어 왔다. 부인은 그 물건을 가리키며 말했다.

"저게 내 물건이에요. 어서 이리 주세요."

그 때 상품 인도장을 맡고 있던 사람은 젊은 사원인 P군이었다.

"잠깐 기다려 주십시오. 곧 드리겠습니다."

회사를 세우자니
손님이 화낼 테고,
손님을 세우자니
상사에게 책망을
듣겠고, 어떻게
해야 합니까!

▶ 자기 암시 :

부인 고객은,

"차를 대기시켜 놓았는데, 어서 이리 주면 되잖아요"

"내가 산 물건임이 틀림없으니까."

하고 다그친다. P군은 어쩔 도리가 없었다는 것이다.

"왜 안 줘요?"

"회사의 규칙이 있어서 매장에서 전표가 돌아오기 전에는 절대로 물건을 손님에게 드려서는 안 됩니다."

"왜 그래요?"

"전에 사고가 있어서 사고 방지 때문에 그런 규칙이 생긴 모양입니다. 회사 규칙에 충실하려고 하면 손님이 화를 내고, 손님에게 서비스를 하려고 하면 회사의 규칙을 어겨야 합니다. 대체 어떻게 해야 합니까?"

"알았어. 그렇게 된 거군. 해답은 이미 자네가 지금 한 말 속에 나와 있지 않은가?"

"뭡니까, 해답이라니?"

"먼저 그 손님에게 회사 사정을 이야기하는 일에서부터 시작하자, '회사 규칙에 전표가 돌아오기까지는 물건을 절대로 건네서는 안 된다는 것이 있습니다. 전에 전표가 돌아오기 전에 손님의 요청대로 상품 인도장에서 손님 말씀하시는 물건을 드렸습니다. 그런데 그것이 다른 손님의 것과 바뀌어 무척 폐를 끼쳤습니다. 그 뒤로 그와 같은 실수를 두 번 다시 저지르지 않도록 규칙

▶ 실천 사항:

회사 규칙에 충실하려고 하면 손님이 화를 내고, 손님에게 서비스를 하려고 하면 회사의 규칙을 어겨야 합니다. 대체 어떻게 해야 합니까!

이 생긴 것입니다. 손님에게 폐 끼치지 말자는 회사측의 배려로 생긴 규칙일 뿐 결코 손님을 못 믿어 하는 짓은 아니니, 이 점 널리 양해해 주시기 바랍니다.' 이런 정도로 우선 이쪽 입장을 설명한 다음에 '그런데 지금 손님께서는 몹시 시간이 급하신 모양이군요. 전표가 돌아오기까지 기다리기 어려우시다면 제가 가서 전표가 빨리 돌아오도록 독촉하겠습니다. 잠깐만 기다려 주십시오. 오래 걸리지는 않습니다.' 그렇게 설명하고 뛰어가면 된다. 손님은 납득할 것이다. 하물며 감정이 풍부한 부인 손님이니까. '아, 과연 그러기 위한 규칙이었구나.' 하고 납득할 것이며, 회사의 신용도 높아질 것이다. '신용 있는 회사라 사원 교육도 잘 되었구나, 발랄하고 썩 사나이답다. 나이는 스물일고여덟이나 되었을까, 우리 딸은 스물하나, 혹시 총각이 아닌가 몰라', 이쯤 될지도 모른다. 안 될지도 모르지만 말이야."

"네, 잘 알았습니다. 손님도 만족하고 회사에도 충성, 어쩌면 예쁜 아가씨와 친해질지도 모르겠네요."

"고약한 사람 같으니라고."

▶ 자기 암시:

18. 행동 전체가 커다란 설득력이 된다

　흔히 설득력이라고 하면 말로 상대방을 설복시키는 일이라고 생각하기 쉬우나, 그런 것뿐만이 아니다. 말을 포함한 행동 전체가 커다란 설득력이 된다는 것을 윗사람은 젊은이에게 가르쳐 주어야 한다. 여기서는 친절이 어엿한 설득력이 된 예를 일본의 한 직장을 통하여 소개하고자 한다.

　신입 여사원들 세 명 모두가 초급 대학을 나온 재원이었다. 그녀들의 일은 비교적 간단한 사무 처리였는데, 공연히 남자 사원들은 '차 좀' 하고 요구하는 일이 많았다.

　"우리들은 급사로 들어온 건 아니잖아!"

　하고 두 여자가 낯을 붉혔다. 그런 마음가짐이니 하는 일도 거칠 게 마련이었다. 태도도 어딘지 모르게 쌀쌀하다.

　"제법 콧대가 높은데, 저 둘은 ……"

　하고 남자 사원도 별로 좋은 기분은 아닌 모양이다.

　그 중의 한 사람은 달랐다. 그녀는 자기 차례 날에는

▶ 실천 사항:

찻잔을 깨끗이 씻고 과원이 아침에 출근하면 말하기 전에 차를 갖다 놓으면서,

"일찍 나오셨군요."

하고 고분고분하게 굴었다.

"저 아가씨는 달라."

"아주 상냥해."

라고 과장 이하 전 과원이 서로 주고받았다.

어느 날 아침의 일이다. 여느때 같으면,

"여어, 굿모닝!"

하고 저쪽에서 먼저 인사하는 K군이 어쩐 일인지 그날따라 말도 걸어오지 않고 묵묵히 책상에 턱을 고이고 앉아 생각에 잠겨 있는 것이었다. 그녀는 직감적으로,

'무슨 걱정거리가 생긴 모양이다.'

하고 생각하였다.

그리고 갑자기 무슨 급한 용무가 있는 듯 회사 밖으로 나갔다가 한참 후 돌아와서는 다른 날과 마찬가지로 그녀는 과원 한 사람 한 사람에게,

"일찍 나오셨습니다."

라고 인사하면서 차를 돌렸다. 그리고 마지막으로 K군의 찻잔에 차를 따르면서,

"밤새 안녕하셨어요?"

라고 말을 걸었다.

▶ 자기 암시:

"아아, 고마워요."

인사를 되받는 K군의 목소리는 기운이 없다.

"차 드시죠"

"고마워요"

"어머, 이것 좀 보아, 나비가 날아왔네요……. 틀림없이 무슨 좋은 일이 있을 거예요."

라고 조그맣게 말하였다.

"아, 정말 그렇군."

"좋은 일 있으려나?"

하는 K군의 얼굴에는 갑자기 생기가 돌았다.

이야기는 이것이 전부이다. 그녀는 K군을 위하여 일부러 회사 정원에 나가 나비를 잡아와서는 빈 컵을 엎어 그 속에 넣어두었다가, K군 앞에서 살며시 컵을 들어올려 풀어놓았던 것이다.

그리하여 그녀는 배려를 알 까닭은 없었으나 단순히 나비가 날아온 것을 보고 기뻐하였으며, 어쩐지 우울증이 가셔지는 기분이었다. 또 동시에 그것이 계기가 되어 그녀를 한결 의식하게 되었다. 이윽고 그녀의 고운 마음씨에 끌리게 되었고, 그 과정에서 나비의 일도 밝혀지게 되어 그녀에의 호의는 급속도로 기울어졌다.

지금 두 사람은 행복한 가정을 이루고 있다. 그녀가 가진 친절성이 '나비가 날아왔다'라는 행위로 나타나,

그녀는 배려를 알 까닭은 없었으나 단순히 나비가 날아온 것을 보고 기뻐하였으며, 어쩐지 우울증이 가셔지는 기분이었다.

▶ 실천 사항:

그것이 커다란 설득력이 되었던 것이다.

H씨의 신문, 그녀의 나비, 모두 진지함 위에 연구가 보태지고, 지위는 없으나마 서비스는 할 수 있다는 설득력으로 공통되고 있다.

19.설득의 묘미를 배워라

젊은이는 자기 주장이 세다. 자기 주장에 대하여 합의를 얻지 못하면 자유를 빼앗겼다고 생각하고 비관한다. 곤란 중에서 자신을 바라본다는 정신의 강인성이 결핍된 것은 그들의 성장을 위하여 애석한 일이지만, 무릇 과보호의 환경 속에서 자라온 것에 그 원인이 있으며, 그들의 죄는 아닐 것이다.

그러한 그들은 불행하게도 가정도, 기업도, 사회도, 국가도, 그 모두가 자기의 행복을 빼앗아가는 권력이라고 자칫 이해하기 쉽다. 그들의 주장을 부드럽게 받아주지 않는 한에 있어서 말이다. 그들은 그들 자신에 내재하는 '어리광스러운' 정신을 깨닫는 일도 없이 권력 타도를 외친다.

젊은이는
자기 주장이 세다.
자기 주장에
대하여 합의를
얻지 못하면
자유를 빼앗겼다고
생각하고
비관한다.

▶ 자기 암시:

그러나 그 나약한 정신을 덮어 놓고 '틀린다'고 호령하여도 일은 해결되지 않는다. 천천히라도 좋다. 조금씩이라도 좋다. 끈기 있게 그들이 가지고 있는 미망을 깨우쳐 주는 일이 필요할 것이다.

이 이야기는 역시 일본에서 널리 알려진 이야기인데, 우리 나라의 젊은이를 위해 소개하겠다.

"가장 중요한 것은 단 한 번의 인생, 오직 하나뿐인 내 몸이니, 1백 퍼센트 자기를 살려 삶을 영위하지 않으면 산다는 의미는 없다. 자기를 사랑하고 소중하게 아는 자는 모두 그렇게 생각할 것이다. 살리기 위해서는 내용이 빈약하든가, 좋지 못하거나 해서는 살릴 방도가 없다. 그러므로 내용을 풍부하게 하기 위해 다소 힘들어도 공부도 하고 작업에도 정진하는 것이리라. 그 자기를 살리는 장소가 바로 지금의 경우 직장일 것이다. 직장에서 자기를 완벽하게 살리기 위하여서는 직장 일에 통달할 수밖에 없다. 그러니까 일은 자기의 내용을 좋게 하기 위한 도구이다. 내용만 좋아지면 자기도 좋아지고 직장도 좋아진다. 그래서 알 만하지 않은가. 중요한 것은 자기를 살리는 일, 살리는 장소는 직장이고, 가정이고, 지역 사회일 것이다. 회사도 가정도 사회도 그대들의 자유를 속박하는 권력은 아니다. 그대들에 의하여 행복을 이룩하고자 원하는 장소인 것이다. 이것

▶ 실천 사항:

을 착각해서는 곤란하다.”

여기서 이야기는 일변한다.

“그런데 자네 《매력》이라는 책 알고 있나? 젊은 남녀, 그래 자네들 같은 젊은이들 말이야. 그러한 젊은 남녀가 어느 날 만나서 찻집에 갔다. 지금으로 따지면 모텔이라고나 할까, 방에 안내하여 음식을 주문받아서 갖다주고선 아무도 얼씬하지 않는다. 호젓한 방에 같이 들어간 일본의 젊은이들이다. 어떻게 했으리라고 생각하나? 젊은이가 그녀를 끌어안고 키스하려고 하였다. 실패했다. 그녀가 쓱 몸을 빼냈기 때문이다. 딱지맞은 줄 알고 젊은이는 가슴이 내려앉았다. 그러나 그녀는 도망친 것이 아니었다. 구석 쪽으로 가더니 화병에 꽂힌 매화꽃 봉오리를 두어 개 따서 입에 넣고 입을 청결하게 한 뒤에 다시 젊은이에게로 와서 ‘어서 하십시오’ 하고 말하는 듯한 몸짓을 하였다는 것이다. 그는 너무 좋아서 껴안고 뜨거운 키스를 퍼붓고 이윽고 맺어졌다. 분명 그런 이야기였어. 키스 하나를 성공시키는 데 있어서도 이 정도 배려가 없어서는 안 된다. 사랑하는 데 무슨 상관이냐고 하겠지만, 돼지 고기 만두를 트림이 나올 정도로 집어먹고 마늘 냄새 나는 입으로 키스한다면 그 키스가 어디 잘 되겠나.”

이처럼 설득은 재미도 있어야 한다.

키스 하나를 성공시키는 데 있어서도 이 정도 배려가 없어서는 안 된다.

▶ 자기 암시:

20. 상대방이 무엇을 원하는가를
재빨리 알아차려라

다시 앞장의 이야기에 이어, 젊은이가 관심을 가질 만한 화제를 제공하면 그들은 크나큰 흥미를 가지고 이야기를 계속해서 들을 것이다. 거기서부터 서서히 중요한 이야기로 끌고가면 된다.

"그럴 때는 말이다, 블랙 커피를 단숨에 들이켜면 돼. 밀크니 설탕이니 크림이니 그런 따위는 일체 넣어서는 안 된다고. 그냥 블랙이다. 그리고 모닝 서비스도 안 돼. 달걀·토스트를 마구 먹으면 효과가 오르지 않아. 그냥 쓴 블랙을 한 잔 단숨에 들이켜면 싸악 구취가 가신다. 내 경험에 비추어 대략 한 시간 내지 한 시간 반은 악취가 안 나. 치약도 필요 없어. 치약 회사 앞에서는 크게 지껄이지 못하겠지만 말이다. 키스는 반드시 성공한다. 그런데 말이다. 문제는 대관절 상대방이 지금 무엇을 원하고 있는가를 생각하는 일이다. 《매력》의 경우도 사나이는 입술을 요구하였다. 여자는 그냥 입술을 주어도 된다. 하지만 이왕 줄 바에는 최고의 것을 주

문제는 대관절 상대방이 지금 무엇을 원하고 있는가를 생각하는 일이다.

▶ 실천 사항:

고 싶었다. 그가 원하는 그녀의 입술에서 냄새가 풍겨서는 그녀가 원하는 사랑에 적합하지 않다고 생각하였다. 그래서 매화꽃 봉오리로 입술을 아름답고 향기롭게 만들었다. 그를 생각하는 그녀의 진정이 그렇게 하게 하였다. 그는 더 한층의 감동을 느꼈다. 가치는 이 점에 있다. 그녀는 정확하게 그가 원하는 바를 알고 가장 마음이 깃들인 형태로 주었다. 그렇게 함으로써 그녀 자신도 살고 그도 기뻐하였다. 남녀 사이의 일뿐만이 아니다. 세상 일은 무두 이와 마찬가지이다. 상대방이 무엇을 원하는가를 재빨리 알아차리고 그것을 줌으로써 자기가 산다. 가정은 지금 우리에게 무엇을 요구하고 있으며, 기업과 사회는 무엇을 요구하고 있는가를 파악하고, 그것을 주는 일로써 자기를 살린다. 그렇게 하면 모두가 그대들에게 감사할 것이다. 가장이나 기업·사회 모두가 그대를 괴롭히는 권력이 아니라, 그대들이 무엇을 해 줄 것인가 하고 기대하고 있는 것이다. 이 점을 똑바로 인식해 주기 바란다."

그리고 또 하나 예를 보자.

"이것은 나와 친하게 지내는 T사장이라는 사람에게서 들은 말이다. T사장은 자기의 그 선친이 살아 계셨을 때 하신 말씀이라고 하면서 들려주었었다. 무거운 짐을 수레에 실은 어떤 사람이 눈 앞의 가파른 고갯길

그녀는 정확하게
그가 원하는
바를 알고
가장 마음이
깃들인 형태로
주었다.
그렇게 함으로써
그녀 자신도 살고
그도 기뻐하였다.

▶ 자기 암시:

을 보고 한탄하였다. '이 고갯길을 어떻게 올라간다? 누가 밀어주지나 않나?' 하고 두리번거렸으나 아무도 밀어줄 생각도 않고 옆을 쓱쓱 지나쳐 가 버린다. '에잇, 하는 수 없지' 하고 손에 침을 바르고 짐수레 채를 휘어잡고서 고갯길을 오른다. 땀은 흘러 눈에 들어간다. 자칫 힘을 늦추면 질질 미끌어져 내려간다. 죽을 힘을 다 해서 영차영차 3분의 1쯤 오니, '이것 애쓰십니다, 밀어드리죠' 하고 밀어주는 사람이 있어서 마침내 고갯마루에 다다를 수가 있었다. 이런 말씀을 하신 뒤에 아버님은 '힘이 들더라도 남에게 기대지 말고 자기 힘으로 뭐든지 해야 한다, 열심히 하면 주위 사람이 반드시 그 열심에 감동되어 힘을 빌려 주는 법이거든' 하셨다는 것이었다. 나는 이야기를 T씨에게서 듣고 깊이 감명받은 바 있었다."

　이렇게 구체적인 예를 들면 젊은이들도 납득한다.

힘이 들더라도
남에게 기대지 말고
자기 힘으로
뭐든지 해야 한다,
열심히 하면
주위 사람이 반드시
그 열심에
감동되어 힘을
빌려 주는 법이거든.

▶ 실천 사항:

제5장

위기에서 벗어날 수 있는 설득 요령법

1. 잘못을 솔직히 시인하라

제아무리 이쪽 주장이 옳아도 상대방이 전혀 귀를 기울이지 않고 자기 주장만을 고집할 때는 어떻게 하여야 할까?

사람은 누구나 본디 자기 본위이고 자기의 고정 관념을 가지고 있다. 하물며 이해가 상반되어 상대방의 말을 받아들이는 일을 자기의 손해라고 생각되거나, 자기

▶ 실천 사항:

가 지는 것이나 아닌가라는 마음이 작용할 때는 결코 남의 말을 들으려 하지 않는 법이다. 태연하게 이치도 닿지 않는 말을 들먹이고 있는 자신을 깨닫지 못한다.

몇 해 전, 모든 업계가 불황의 물결에 떠밀렸을 때 M전자 산업은 모 지방 도시에서 전국 판매 회의를 열었다. 유력한 판매 회사의 경영자에 대하여 회장 스스로가 의장이 되어 3일간에 걸쳐 서로들 격의 없는 의견을 교환하였다.

회의는 불황을 반영하여 상당히 험악한 분위기였다. 모두가 심한 적자 경영이었던 것이다.

"하고 싶은 말은 뭐든지 쏟아 놓자."

이렇게 의장이 말하자 판매 회사 사장들의 불만이 튀어나왔다.

"오늘날의 적자 운영은 오로지 M전자사의 지도 방침이 나빴기 때문이다."

이렇게 M전자를 탓하며, 자신의 부족한 점을 돌이켜 보는 사람들이 없었다.

회장은 이렇게 답변하였다.

"우리의 지도도 지도려니와 그러한 곤란 중에 있어서도 오히려 몇몇 회사는 이윤을 올리고 있다. 여러분 자신도 자주 독립의 정신이 빈약하고 남의 힘에만 지나치게 의지한다는 것이 오늘날의 악화를 초래한 원인이라

▶ 자기 암시 :

고 할 수 있지 않은가?"

"그와 같은 정신론이 무슨 소용인가? 우리가 지금 바라는 것은 설교가 아니라 돈이다."

이렇게 노골적으로 대드는 자도 있었다. 이틀 동안 열세 시간을 M회장은 단상에서 그들의 질문에 답변하였는데, 그들은 그들대로 기세 등등하게 M전자 측을 몰아세웠다. 회의는 결렬 직전, 중역들은 낯빛이 파래졌다.

사흘째, 마지막으로 M회장이 단상에 올라갔다.

"지난 이틀 동안 서로 숨김없이 의견을 털어놓았으니 이제 이 이상 할 말은 없습니다. 마지막으로 말하고 싶은 것은 저의 M전자의 잘못이 크다는 것입니다. M전자가 나빴습니다. 최고 책임자로서 나는 진심으로 여러분에게 사과하는 바입니다. 앞으로는 마음을 고쳐 먹고 여러분께서 안정된 경영을 해 주실 수 있도록 지원을 아끼지 않겠습니다. M전자의 미치지 못했던 점은 제발 용서하여 주십시오."

M회장은 깊숙이 머리를 숙였다. 그러자 이상한 현상이 일어났다. 회의장은 물을 끼얹은 듯이 조용해지고, 사람들은 점차 고개를 떨어뜨리더니 엄숙한 분위기가 되었다.

"회장님, 우리에게도 나쁜 점이 많았으니 반성하겠습

M회장은
깊숙이 머리를
숙였다. 그러자
이상한
현상이 일어났다.

▶ 실천 사항:

니다. 분발하겠습니다."

M회장이 머리를 숙임으로써 사람들의 마음을 숨김 없이 털어놓고, 최후에는 깨끗이 그들도 머리를 숙였다. 이것이 절묘한 명설득이라고 하겠다.

2. 도전하고 응답하라

자기가 키워온 사업이라면 또 모르지만, 전임자의 실책으로 인하여 위기를 맞은 사업의 재건을 떠맡는 것만큼 쑥스러운 일도 없을 것이다.

연전에 T전자는 불황의 물결에 휘말려 회장 E씨는 스스로 상담역 자리에서 물러나고 F사장도 자리를 내놓게 된 다음, 후임 사장을 사회에서 구한다는 방침으로 G조선 회장 H씨를 데려오기로 하였다. H씨는 심복 비서 하나도 거느리지 않고 혼자 기울어져 가는 T전자에 들어왔다.

이제 몇 십 년의 역사와 전통을 자랑하는 T전자의 운명은 H씨의 두 어깨에 걸리게 되었다. 처음 거대한 이회사는 인재가 구름처럼 모였을 터인데, 어찌 된 일인

M회장이
머리를 숙임으로써
사람들의
마음을 숨김없이
털어놓고,
최후에는 깨끗이
그들도 머리를
숙였다.
이것이 절묘한
명설득이라고
하겠다.

▶ 자기 암시:

지 후계 사장을 사내에서 구하지 못하고 사외의 사람인 H씨에게 맡긴 것이다.

"고작해야 조선(漕船)이야, 전자 회사 재건을 자기가 어떻게?"

T전자에서는 모두들 이렇게 신임 사장에 대해서 코웃음들을 쳤다. 스카우트 사장에 대한 세평은 냉정한 것이었다.

당시 T전자 내에는 좀도둑 사원, 즉 회사를 먹이로 삼는 소위 부패 사원이 많이 있었고, 파벌주의와 관료주의가 판을 치며 마비 상태의 말기적 양상을 나타내고 있었다. 그런 때에 새로 H사장을 색안경으로 보는 간부도 적지 않았다.

"나는 T전자를 빼앗으러 온 것이 아니다. 내가 T전자 안에 들어왔다."

H사장은 먼저 간부들을 안심시키고 자기의 포부를 제시했다.

"우리 T전자에는 구름과 같은 인재가 있다. 바로 여러분이다. 다만 불행스럽게도 지금 그 인재가 잠자고 있다. 이 정도 인재가 모였으면서 이러한 업적 부진은 여러분이 졸고 있기 때문이다. 오늘 이후 여러분은 잠에서 깨어나 결심하고 일해 주기 바란다. 결코 실패를 두려워할 것이 없다. 실패를 두려워 말고 힘껏, 마음껏

오늘 이후 여러분은 잠에서 깨어나 결심하고 일해 주기 바란다. 결코 실패를 두려워 할 것이 없다.

▶ 실천 사항:

일하라. 실패를 포함하여 모든 책임은 나 혼자 지겠다. 안심하고 한 사람 한 사람이 그 가진 능력을 발휘해 주기 바란다."

그리고 그는 다시 소리를 높여 말했다.

"사원은 내게 문제를 들고 부딪쳐 오라. 그 대신 나도 문제를 가지고 그대들에게 도전한다. 도전에는 재빠른 응답으로 답하라."

그리고 취임한 그 날 '사장실에 딸려 있던 사장 전용 욕실을 철거시키고, 두 명이나 있던 여비서를 한 사람으로 줄였다. 전광 석화와 같은 처단이었다.

단 하루. 그렇다, 단 하루에 사내에 충만하던 무기력은 사라지고 싱그러운 공기와 발랄한 기풍이 저절로 감돌기 시작하였다.

"중역은 열 배 머리를 쓰라."

"사원은 세 배 머리를 쓰라."

라고 질타하는 유능한 치료사 H씨에 의하여 T전자는 물을 얻은 물고기처럼 행동을 개시하여 삽시간에 재건을 이룩하였던 것이다.

'T전자의 기적'이라고 불리는 그 큰 이유은, 위기감을 호소하여 사원의 가슴에 정열의 불을 붙여 준 명설득에서 나왔던 것이다.

사원은 내게
문제를 들고
부딪쳐 오라.
그 대신 나도
문제를 가지고
그대들에게
도전한다.

▶ 자기 암시:

3. 현명한 아내의 가치

어느 이름난 사장이 생명 보험 설계사의 일을 하고 있었을 때의 이야기이다. 그 고장은 전국에서도 보험에 대한 인식이 가장 뒤떨어진 곳이었다.

자전거를 타고 매일 돌아다녔으나 계약은 한 건도 체결하지 못하였다.

"거지와 보험 설계사는 들어오지 말 것!"

이라는 푯말을 세운 집도 있을 정도였다.

'인텔리라면 알아주겠지.'

라고 생각한 그는 전화부에서 변호사 · 교수 · 의사 · 공무원 등을 조사하여 그들을 목표로 찾아다니고, 집에 돌아와서는 지친 몸을 채찍질하면서 오늘 찾아갔던 집에 열심히 편지를 썼다. 엽서가 아니고 봉함 편지였다. 그는 매일 밤마다 정성을 다 하여 정중하게 권유의 편지를 썼다.

그러나 필사의 노력도 헛되이 전혀 반응이 없었다. 눈 깜짝할 사이에 두 달이 지나갔다. 그는 쫓기고 또 쫓겼다. 그리하여 12월 23일이 되었다. 밤늦게 파김치가

▶ 실천 사항:

되어 돌아오는 그를 부인은 살뜰하게 맞아들였다. 그러한 날의 밥은 목을 넘어 가지 않는다. 내일의 일을 생각하면 식은땀이 흐른다.

"이제까지 나는 인간은 노력하면 안 되는 일이 없다고 믿었다. 그런데 그것이 아닌 모양이다. 인간에게는 적격 부적격이 있는 것이 아닐까? 보험 외무는 내 성격에 맞지 않는 모양이다. 열심히 돌아다니기를 벌써 68일간. 그런데 한 구좌도 계약을 따지 못하였다. 여보, 서울로 가겠소. 서울에서 직장을 찾겠소. 미안하지만 당신이 언젠가 말했던 것처럼 당구장에서 일하여 잠시 살림을 꾸려 주어, 내가 어떻게 될 때까지."

그의 말은 침통하였다. 부인은 잠자코 듣고 있었으나 이윽고 얼굴을 들고 입을 열었다.

"당신 지금 서울로 도망가자고 그러셨죠?"

"음, 그렇소."

"반대는 하지 않겠어요. 당신이 가시는 곳이라면 어디까지나 따라가겠습니다. 하지만 당신은 서울로 도망갈 마음을 먹을 정도라면 무슨 짓이라도 할 수 있지 않을까요? 그리고 만약 여기서 한 구좌도 계약하지 못하고 서울로 도망친다면 당신이라는 인생의 이력에 하나의 오점을 남기는 것이 아닐까요? 그것은 아내로서 견딜 수 없는 일입니다. 여보, 12월 31일까지 버티십시

▶ 자기 암시:

다. 섣달 그믐까지는 앞으로 여드레 남았어요. 그래도 안 되면 그 때야말로 서울로 갑시다. 네 그렇게 하시죠? 이렇게 빌겠어요."

말을 마친 부인의 눈에서는 눈물이 떨어졌다. 그는 머리를 얻어맞은 느낌이었다.

"미안해. 당신 말이 옳소. 그래, 앞으로 여드레 남았다. 나는 한다, 꼭 하고야말겠소."

이와 비슷한 경험은 남자라면 누구나 있을 것이다. 그 때야말로 아내의 가치를 알게 된다. 그의 부인은 위기를 당하여 마음을 떠받쳐주고 마음의 기둥이 되어 남편을 분기시켰던 것이다. 부인의 설득은 깊은 애정에서 우러나온 것이다. 그가 발분한 것도 무리는 아니다.

4. 끝까지 긍지를 버리지 말라

이튿날은 일요일이었다. 그는 이미 몇 번인가 방문하여 번번이 거절당한 사립 여고 교장 댁을 방문하였다. 대문 앞에 자전거를 놓고 통용문으로 들어갔다. 현관에 달린 초인종을 누르려는 순간 몸이 오그라들었다. 어차

그의 부인은 위기를 당하여 마음을 떠받쳐주고 마음의 기둥이 되어 남편을 분기시켰던 것이다.

▶ 실천 사항:

피 또 거절당하리라고 생각하니 기운이 나지 않았다.

시름없이 대문께까지 되돌아갔을 때 전날 밤 아내의 말이 머리에 떠올랐다.

"나라는 인간은 정말 못생긴 놈이다."

그는 스스로를 꾸짖고 발길을 돌려 단호히 벨을 눌렀다. 늘 보는 그 가정부가 나왔다가 금방 돌아서 들어갔는데, 교대로 나온 것은 교장 선생이었다. 교장 선생은 그에게 물었다.

"X씨, 당신이 하는 그런 방식으로 몇이나 권유했습니까?"

"하나도 못 했습니다, 부끄럽습니다만……."

"그 동안 편지를 몇 번이나 보내 주어 고맙습니다. 별 생각 없이 읽고 느낀 바가 퍽 많았어요. 문장도 좋고 정성이 깃들여 있어서 식구·모두가 그 열의에 감동하였습니다. 그 열의에 보답하여 식구들끼리 가입하자고 의논했습니다. 기다리던 참이지요."

"정말이십니까, 선생님?"

"단, 꼭 한 회만. 달리 가입한 것도 있고 해서 여러 번 부을 수는 없습니다. 당신의 열의에 감동하여 이번 한 회만 붓기로 했으니까 그리 아시고."

이 때 그는 단호히 말하였다.

"선생님! 선생님의 배려에 감사합니다만, 한 회뿐이

▶ 자기 암시:

라면 사양하겠습니다."

교장 선생은 놀란 듯이 쳐다보았다.

"선생님, 저는 남의 동정을 구걸하고 싶지는 않습니다. 건방진 말 같습니다만, 보험이라는 것은 정말로 필요하다고 인식하시고, 그다지 필요하지 않은 것을 절약하면서라도 부금을 영속적으로 붓는다는 마음가짐으로 가입해 주셨으면 합니다. 저의 열의나 노력에 이끌려 저를 동정해 주시는 건 정말 고맙습니다만, 저는 거지는 아닙니다. 그리고 한 회만으로 끝난다면 선생님께 공연한 지출을 하게 할 뿐, 아무 소용도 없습니다. 그래서 저는 마음이 괴로운 겁니다. 그러니까 한 회만이라고 하신다면 죄송하지만 사양할 수밖에 없습니다."

그의 눈에서 갑자기 눈물이 흘러내렸다.

"내가 잘못 생각했소. 교육자인 내가 오늘은 당신에게서 배웠습니다. 좋아요, 매달 붓도록 하지요. 낭비를 없애면 할 수 있겠지요."

"고맙습니다, 선생님."

그는 두 손을 모으고 진심으로 감사하였다. 운은 이제야 열렸다. 그에게 반한 교장 선생의 소개로 연내에 세 구좌의 계약이 성립되었다. 이제 그는 서울로 도망칠 필요가 없었다. 그토록 바라고 바라던 계약이었으나 자기의 긍지를 버리고 상대방의 손해를 뻔히 알면서도

▶ 실천 사항:

계약을 한다는 일은 그의 양심이 허락하지 않았다. 그의 그 절절하고도 사나이다운 설득력이 교장 선생을 감동시켜 성공의 길은 열렸던 것이다.

5. 마음의 울타리를 걷어치워야 비로소 통한다

《삼국지》에 나오는 유비는 한 나라 황실의 후예라고는 하지만 집은 몰락해서 가난하였으며, 돗자리를 짜서 겨우 그날 그날의 끼니를 이어가는 생활이었다. 그러한 그가 한실 재흥의 뜻을 세우고 마침내는 축제까지 되는데, 그 가장 큰 이유는 많은 인재가 거의 기치 아래 모였기 때문이다. 특히 제갈공명을 얻은 것이 그의 운명을 크게 바꾸어 놓는 계기가 되었었다.

공명은 젊었을 때 이미 그 재주가 높이 평가되고 있었는데, 큰 뜻을 품었으면서도 스스로 주군을 찾지 않고, 이른바 초가 삼간에 유유 자적하는 생활을 즐기고 있었다. 그 초려를 유비는 세 번이나 찾아갔고, 예의를 극진히 하며 정성을 다 하고서 자기에게 힘을 빌려달라고 부탁했던 것이다.

그의 그 절절하고도 사나이다운 설득력이 교장 선생을 감동시켜 성공의 길은 열렸던 것이다.

▶ 자기 암시:

이것이 삼고 초려인데, 이 유비의 열성과 성의에 공명도 감동하여 마침내 그 신하가 되었다. 유비는 얼마나 기뻤던지 이 때의 심정을 이렇게 말했다고 한다.

"내가 공명을 얻은 것은 마치 물고기가 물을 얻은 거나 같다."

유비가 너무나 공명을 우대함으로써 무용에 뛰어난 다른 부하들이 처음에는 불만이 많았다. 그러나 공명의 뛰어난 군략이 차례로 승리를 가져오는 것을 보고서 심복하기에 이르렀고, 앞서 말한 유비의 제업이 이루어졌던 것이다.

그런데 우리가 여기서 생각할 것은 유비의 설득력이다. 유비는 비록 많은 말을 하지 않았을지 모르지만, 성의라는 자기 행동으로써 공명을 설득했던 것이다.

자기를 알아주는 사람, 자기를 필요로 하는 사람, 그런 사람이 있다는 것만 해도 사람이란 쉽게 감격하기 마련이다. 하물며 정성을 다 하고 예의를 갖추어서 두 번 세 번이고 찾아와 준다면 공명뿐만이 아니라, 누구라도 마침내 감동하고 마음이 쏠릴 것이 당연하다.

이것은 일상 생활에 있어서의 대인 관계와도 마찬가지이다. 상대를 설득하려면 먼저 자기 마음을 숨김없이 털어내어 보이지 않으면 안 된다. 그래야만 상대도 경계하는 마음의 무장을 하나씩 풀어가고 마침내 허심 탄

▶ 실천 사항:

회하게 대화를 하게 된다.

서로가 성의로써 대한다면 무슨 일이고 통하지 않을 리가 없다.

"상대방도 성의를 보이니까 나 역시도 성의를 보여야 한다."

라는 심리가 작용되어 어려울 것이 하나도 없게 된다.

비근한 예이지만 목욕탕에서 서로 벌거숭이의 몸이 되면, 잘 되지 않던 말도 통하는 일이 있다고 한다. 또 술자리에서 술을 같이 마시면 이름도 모르는 사람이라도 곧잘 대화를 할 수 있게 된다. 이것은 그만큼 서로의 마음에 가지고 있었던 마음의 울타리를 걷어치우는 데서 오는 현상이다.

그러므로 훌륭한 설득력이란 상대의 마음의 문을 열게 하는 데 있다고도 하겠다. 그 방법이 말이든 행동이든, 또는 다른 수단, 이를테면 술을 마신다든가, 취미인 낚시질을 함께 한다든가 하는 성의가 따른다면 훨씬 쉽고 효과적이다.

서로가 성의로써
대한다면
무슨 일이고
통하지 않을
리가 없다.

▶ 자기 암시:

6. 지금은 참아라

어느 회사에서는 인상률 30퍼센트 이상이라는 대폭적인 임금 인상이 실현되었다. 그런데 이것을 추세라고는 하지만, 업계에서는 이것을 정상으로 받아들이지 않고 모두 특수 케이스라고만 인정하고 있을 정도였다.

그런 와중에 있어서 임금 인상 교섭을 잠시 보류하고 물가가 안정될 때까지 기다린다는 이례적인 방법을 취한 회사가 나왔다. M합섬이 그것이다.

M합섬은 3월 중순에 회사측에서 기본급의 43퍼센트 플러스 격차 시정분 12퍼센트 인상을 요구하였다. 여기 대하여 사장은 파업을 각오하고 임금 인상 교섭의 휴전을 제안하였던 것이다.

사장은 4월 초에 재조정하겠다는 의견을 전하고, 이를 실현시키기 위하여 먼저 전 이사진들의 연봉을 5내지 10퍼센트 삭감할 것을 제안하여 이것이 조합 측에 받아들여졌다. 그 이유로써 M합섬의 전 3월의 업적이 나빴기 때문은 아니다.

업적은 작년 9월기의 경상 이익이 7억 원, 전 3월기

▶ 실천 사항:

그런 와중에 있어서 임금 인상 교섭을 잠시 보류하고 물가가 안정될 때까지 기다린다는 이례적인 방법을 취한 회사가 나왔다.

가 11억 7천7백만 원, 이번 9월기 예상이 10억 원, 이렇게 순조롭다. 그런데도 이와 같은 행동으로 나온 것은, 이사진들이 몸으로써 생활을 줄여 잡고, 종래의 생활 방식을 반성해 볼 필요가 있다고 느꼈기 때문이다.

이에 따라 부·과장 등 관리직도 당분간 임금 인상을 보류하고, 인상의 시기와 인상률은 사장에게 일임할 것을 결정하였다. 이런 가운데서 노조 내부도 논의가 비등하여,

"그 따위 제안은 배척한다."

라는 반대론이 나오는가 하면,

"아니다, 제안을 받아들여 체험해 보는 것도 필요하지 않는가."

라는 찬성론도 나왔다. 논의는 심야에 마치었다.

"앞날을 내다볼 수 없는 경제 속에서 임금 인상을 행하는 것은 곤란하다. 석유 위기로 인하여 자재와 원료가 폭등하여 물가의 앞일은 뚜렷하지 않다. 자재의 가격과 인건비의 상승분을 제품 가격에 전가하면 간단하지만, 그러면 물가와 원가의 악순환을 초래하므로 안이하게 하여서 좋을 일은 아니다. 물가가 안정되고 대강 윤곽이 서기까지 임금 인상 교섭을 동결했으면 하는 이유의 하나는 그것이다. 둘째 이유는, 우리 국민이 고도 성장 과정에서 사치에 물들어 쓰고는 버린다는 생활을

앞날을 내다볼
수 없는 경제
속에서 임금
인상을 행하는
것은 곤란하다.

▶ 자기 암시:

즐기고 있는데, 이런 점에서 우리도 반성할 필요가 있다. 우리 나라는 자원이 풍부하지 못하다. 석유도 나오지 않고, 그 밖의 여러 가지 광물도 해외에 의존하고 있다. 그런데도 국민은 새로운 상품을 계속 구하고, 그것을 또 버린다. 생활이 어렵다 하면서 레저를 만끽하고 있다. 그리고 물가가 오르면 당장 임금 인상과 결부시켜 생각하는데, 이것이 과연 정당한 일일까?"

사장의 설득은 조합에도 깊은 반성을 안겨주어 마침내 노사간에 합의를 보았던 것이다. 노사가 임금 교섭 동결 상황 속에서 잠시 자기들의 생활 태도와 소비 행동의 연결을 재검토하고, 우리 나라의 장래에 대하여 생각해 보기로 한 점, 이것은 크나큰 의의를 갖는다.

노사의 합의라는 커다란 성과는, 눈을 기업뿐만이 아니라, 널리 사회의 장래에 돌려 근심한 사장의 설득력에 의하여 얻어진 것이라고 하여도 좋으리라.

7. 다른 분야도 섭렵하라

일본에서 태평양 전쟁 뒤에 발발한 조합 운동의 불길

▶ 실천 사항:

생활이 어렵다 하면서 레저를 만끽하고 있다. 그리고 물가가 오르면 당장 임금 인상과 결부시켜 생각하는데, 이것이 과연 정당한 일일까!

이 한창일 때 모든 기업은 이 노동 공세에 애를 먹었다.

T전자도 예외는 아니었다. 회사 구내에는 여기저기 격문이 붙여져다. 새로 취임한 E사장의 얼굴을 만화풍으로 그려 붙이고, '이번에 사장이 된 사나이'라고 써 놓았다.

E사장은 그것을 바라보면서, 눈썹을 곤두세우고 있는 조합원에게 말하였다.

"썩 잘 그리기는 했는데, 약간 미적 요소가 모자라네. 난 좀더 미남자라고. 사양할 것 없이 실물대로 그리면 될 걸 가지고서. 하기야 실물을 보고 그린 건 아니니까 하는 수 없겠지만. 어때, 자네, 실물은 좀더 잘생겼지?"

조합원은 웃음이 터지려는 것을 가까스로 참는 모양이었다. 조금 지나니 벽보는 자취를 감추었다. 서로가 인간이다. 속셈을 털어놓고 말하면 의사도 통한다. 그는 늘 인간 중심에서 일을 생각하고 싶다는 주의였다. 중학교 졸업식 때 선생님이 말하였다.

"너희들에게 줄 선물이 없으니 격언을 한 마디 선사하겠다."

그렇게 말하고 프랑스 격언 하나를 들려주었다.

"만족하고 있는 자가 가장 부자이다."

E씨는 마음에 새겨두었다, 그는,

서로가 인간이다.
속셈을 털어놓고
말하면 의사도
통한다.

▶ 자기 암시:

'돈을 잔뜩 가지고서도 더 벌려고 발버둥치는 자가 가장 가난한 자일 것이다.'

라고 생각하였다. E씨는 어떤 위치에서나 자기 욕심을 부리지 않고 현재에 온힘을 다 하였다. 욕심이 없고 여유 만만한 그의 모습은 사람들의 마음을 봄눈 녹이듯 하여 쟁의는 이윽고 해결되었다.

다음은 경제 사절단의 일원으로 E씨가 스코틀랜드에 갔을 때의 일이다. 백인은 마음 속으로 유색 인종인들을 경멸하고 있었다. 그리고 누군가가 말했다.

"동양인 사업가들은 돈벌이 이외의 화제란 아무것도 없다."

그러자 '교양없는 돈벌레' 라는 뒷공론까지 번지고 있었다.

어느 날 밝은 밤, 식사 뒤에 사람들은 산책을 했다. E씨는 달을 보며 조용히 읊조렸다.

"저녁 어스름 취한 듯 지친 수사슴은 달 그림자 아래 뛰다. 모난 강가에서 보금자리를 찾아 깊은 잠에 빠지도다."

스코트의 〈호반의 여인〉의 첫머리이다.

서양 사람들은 문득 얼굴을 마주 쳐다보았다. 장소는 스코트와 인연이 있는 바로 그 장소. E씨의 읊조림은 밤의 어둠을 타고 유연히 흘렀던 것이다.

▶ 실천 사항:

한 영국인은 놀라며 발을 멈추고,

"E씨, 당신은 정말 훌륭한 구절을 알고 계십니다."

하더니 E씨의 손을 잡았다.

그 날 이후로 E씨의 이름은 외국인들의 친절과 존경의 대상이 되었다.

경제인 E씨가 외국 문학에 정통하다는 일이 그 인간의 품격으로서 그들의 눈에 비치어, 오늘날 재계 사람들의 교양 일반을 뒷받침하는 것으로 평가되었던 것이다. 그는 다만 그 한 구절만 외웠지 하고 웃는 것이었느나, 이것은 분위기에 맞는 적절한 설득력이라 하겠다.

8. 최대한 상대를 떠받들어라

일제 때 전력계의 거목으로 세상에 이름을 떨친 M씨가 젊어서 석탄 상인을 하기 시작하였을 때의 일이다.

형님뻘인 F씨가 석탄공사의 영업부장이었던 관계로 석공탄 대리점 자격은 땄으나, 책상물림 젊은이를 세상은 신용해 주지 않았다.

그러던 어느 날, 요정에서 심부름꾼이 편지를 가지고

▶ 자기 암시:

왔다. 'M 어르신님, Y 드림'이라고 씌어져 있었다.

'소생은 석탄 상인이옵니다. 이번 어르신님께서 석공 대리점으로 활약하시게 되신 일 축하하옵니다. 긴히 드릴 말씀이 있사오니 찾아와 주시기 바라옵나이다.'

초대장이었다. 친지의 소개장도 들어 있었다. M씨는 자기가 갑자기 높아진 것 같은 기분이 들었다. 요정에 도착하여 방으로 들어가니 얼굴이 가무스름하고 몸집이 자그마한 한 사나이가 방석에서 내려앉으면서,

"이렇게 와 주시니 이 몸의 영광이옵니다."

라고 코가 땅에 닿도록 정중하게 인사하였다.

"소생이 Y입니다. 앞으로 각별하신……."

그는 초대면 인사를 마친 다음,

"실은……."

하고 용건을 꺼냈다.

"주인 어르신 말씀을 듣고 긴히 뵈옵고자 이렇게 뛰어왔습니다. 소생의 친지로 석탄 장사를 하는 자가 있는데 어떻겠습니까, 석공탄을 좀 나누시면? 네, 소생이야 중간에서 조금만 얻어먹으면……."

요컨대 M에게서 석탄을 얻어 전매함으로써 중간 이득을 취하겠다는 Y의 배짱이었는데, 달리 큰 거래도 없던 터인지라 손해되는 이야기도 아니었고, 또 첫째 Y의 태도가 마음에 들었다. 음식이 들어왔을 때 Y는 하녀에

만일 미심쩍은 데가 있다면 다른 정보 자료를 통하여 체크해 보는 것이 중요하다.

▶ 실천 사항:

게 말했다.

"미안하지만 축하 케이크를 사다 주겠나? 선물 할 거니까."

그는 호주머니에서 두툼한 돈뭉치를 아무렇게나 꺼내어 천 원권 석 장을 하녀에게 주고는 따로 한 장을 주면서,

"이건 걸음값이야."

했다.

M씨는 매우 놀랐다. 그 무렵의 천 원은 지금으로 치면 어마어마한 금액이었다. 케이크, 걸음값, 세상에 이름이 알려지지는 않았어도 배짱 좋은 거부도 있구나 하고 완전히 반하여,

"지금 그 얘기 좋도록 하십시다."

라고 승낙하였다.

"네넷, 감사합니다."

Y는 머리를 조아렸으나 뒤이어,

"화장실에 잠깐."

하고서 바쁜 걸음으로 현관으로 쫓아나가 케이크를 사러 막 나가려던 하녀를 붙들고 말했다.

"필요 없게 됐다. 돌려주어, 걸음값인 그 천 원도. 나중 생각해 보고 주겠다."

그러고는 그는 4천 원을 되찾아가지고 능청스런 얼굴

그 무렵의
천 원은 지금으로
치면 어마어마한
금액이었다.

▶ 자기 암시:

로 들어왔다. Y는 부자가 아니다. 부자이기는커녕 석탄 장사를 하다가 실패하여 석탄을 내주는 데가 한 군데도 없었다.

그럴 때 M의 이야기를 듣고 친한 친지의 소개장을 얻은 다음, 그 길로 은행을 찾아가 하루 만의 약속으로 돈을 빌린 뒤, 다시 요정으로 뛰어가 어르신네니 뭐니 하고 젊은 M을 올려 기분좋게 만들고, 빌린 돈뭉치로 신용을 얻어 성공시켰던 것이다.

이튿날 그는 은행에 돈을 돌려주었다.

이 사람이 바로 Y기선 창시자 Y씨의 일생 일대 대연극에 의한 설득이었다. 뒤에 둘도 없는 친구가 된 M씨가 감쪽같이 속아넘어갔던 것이다.

9. 상대방의 장점을 파고들어라

M씨는 그 뒤,

"그 때는 감쪽같이 속았다."

라고 곧잘 Y씨의 이야기를 꺼냈는데, 그 M씨의 형님뻘인 F씨도 Y씨 못지않은 영리한 사람이다.

▶ 실천 사항:

젊은 M을 올려
기분좋게 만들고,
빌린 돈뭉치로
신용을 얻어
성공시켰던 것이다.

F씨가 사업상 금융으로 고심한 때가 있었다. 어떻게 조금 돈을 빌렸으나 은행은 더 이상 내주지 않겠다는 형편이었다.

"그렇다. D씨가 좋겠다."

그는 궁리 끝에 D씨를 생각해 냈다. D씨는 그 무렵 방적 회사 사장으로, 창고에서 돈이 썩는다는 큰 부자였다. 다만 인색하다면 그 이상 인색할 수는 없을 정도의 사람이었다.

F씨는 보통 교섭으로는 될 까닭이 없다고 여러 가지로 궁리하다가 이윽고 "됐어!" 하고 혼자 중얼거렸다. 전화로 날짜와 시간을 타협하였다.

그 날 F씨는 D씨 저택으로 향했는데, 1백50미터쯤 전방에서 차를 세워두고 거기서 D 저택까지의 길을 마구 뛰었다. 그 때는 여름날이다. 땀이 흘렀다. D씨는 응접실에서 F씨를 보고는 깜짝 놀라며 물었다.

"웬일이시오, 땀을 그렇게 흘리시고……?"

"네. 좀 뛰었더니 그만. 시간이 늦을까 봐서요."

"차 타고 오시지 않았던가요?"

"천만에요. 전차로 왔습니다. 충분히 시간을 두고 나왔는데 도중에 고장이 나서…… 시계를 보니 시간이 늦을 것 같아 전차에서 내리자마자 뛰었습니다. 덕분에 땀 좀 흘렸습니다."

F씨는 D씨 저택으로 향했는데, 1백50미터쯤 전방에서 차를 세워두고 거기서 D 저택까지의 길을 마구 뛰었다.

▶ 자기 암시:

"늘 바쁘실 텐데 전차를 타시다니……."

"본디 아까워서 차를 쓸 수 있어야죠. 전차야 얼마나 쌉니까? 급할 때는 뛰면 되죠. 돈 한 푼 들지 않고 다리는 다리대로 튼튼해집니다. 부모님이 주신 다리가 제일입니다. 요컨대 저는 인색한이죠. 차는 사장님 정도 출세한 사람이라야 비로소 쓰는 겁니다."

D씨가 차를 가지지 않았다는 것을 F씨는 미리 알고 있었다.

"나도 인색해서 차는 가지지 않습니다."

"사장님이야 어디 인색입니까, 근검 절약이지요. 세상 사람들은 날더러 노랭이라고 합니다."

"처음 듣는 말인데요. 나야말로 세상 사람들이 노랭이 아무개라고 그러는 모양입니다."

"하지만 사장님, 인색하지 않으면 사업은 못 합니다. 헤퍼서는 안 됩니다. 우리들 사업가는 소중한 돈을 은행이나 남에게서 빌려가지고 일하고 있죠. 인색함 위에 더 인색하게 해서 얻은 이윤으로 출자자에게 보답해야 합니다. 1전이 모자란다고 해서 전차 삯은 깎아주지 않죠. 돈도 여자도 자기를 귀여워해 주는 자에게로 모여들기 마련입니다."

"좋은 이야기요."

D씨는 F씨의 말에 완전 공명하였다. 따라서 돈을 얻

인색함 위에
더 인색하게 해서
얻은 이윤으로
출자자에게
보답해야 합니다.

▶ 실천 사항:

는 일은 성공하였던 것이다. 인색을 자랑삼는 사람 앞에서 이 사업은 이러하니 장차 크게 벌린다고 말해도 그것만으로는 통하지 않는다. 인색한에게는 인색한의 이야기가 제격이라고 간파한 F씨의 설득이 자신의 사업을 구하였던 것이다.

10. 일의 의의를 파악하라

무엇 때문에 일을 하고 무엇을 위해 움직이고 있는지, 그 일이나 노동의 의의에 대하여 상사나 경영자는 항상 뚜렷한 인식을 가지고, 그것을 말단 종업원에게까지 전하여, 침투시키기 위한 설득력을 발휘하고 있어야 한다.

경영 이념의 확립이라고 하면 어렵게 들리지만, 요컨대 사업에 대한 경영자의 사고 방식을 곧 경영 이념이라고 생각하면 된다.

'무엇을 위해 무엇을 하는가?' 라는 사고 방식에서는 그것을 '어떤 방법으로 언제 하는가?' 라는 방식이 다음으로 당연히 생겨난다. 그냥 막연히 생산성을 높이고

인색한에게는
인색한의
이야기가
제격이라고
간파한 F씨의
설득이 자신의
사업을
구하였던 것이다.

▶ 자기 암시:

이윤을 올리는 것이 목적이라고 한다면, 그렇다면 무엇 때문에 생산성이나 이윤을 올리지 않으면 안 되는가 하는 문제에 정확한 대답이 없어서는 종업원도 코앞의 급료만을 추구하게 된다.

명장이라고 불리는 사람들은 그런 것을 능히 알고, 늘 스스로 무엇을 위해 무엇을 하는가를 헤아리며, 일단 유사시에 이것을 부하에게 설명하여 그들의 마음을 움켜잡는다. 그 설득력의 위력은 놀라울 정도이다.

옛날의 한 장군이 장차 천하를 호령하려는 중요한 시점에서 부하 장병을 한자리에 모아놓고 이렇게 설득하고 있었다.

"지금은 어떤 시기인가? 악이 선을 이기고 악인이 천하를 지배하고 있다. 천하는 난마와도 같이 어지럽고, 민심은 흉흉하기 그지없다. 이래도 되는 것일까? 천하의 일은 모두 이 내 두 어깨에 달려 있다. 그대들은 이를 생각하고 일단의 분기로써 분신쇄골, 이 나를 도우라. 지금 이 때가 아니면 적당한 때는 없을 것이다."

이것은 동기의 부여이다. 그러나 쉽게 사람은 움직이지 않는다. 그것은 경영자 스스로가 목적이나 이념이나 사상이나 철학을 가지지 못하고 있기 때문이다. 부하가 무엇 때문에 일하고 있는지 일의 의의를 파악하지 못하면 안 되는 것이다.

▶ 실천 사항:

이 사람 아래에서 일한다는 것을 기쁨으로 알고, 비록 일 그 자체는 작을지라도 전체로서 나아갈 때는 기업이나 사회 정의에 참가할 수 있는 것이라고 생각게 하는 설득력이 필요하다.

11. 설득력을 지니는 다섯 가지 조건

누구나 사람들은 솜씨 있게 설득하였으면 좋겠다고 생각할 것이 틀림없다. 특히 말재간이 없는 사람은 더욱 그럴 것이다. 그러나 잘못 알아서는 안 된다. 설득력이 있다는 것은 말을 잘 한다는 것과는 다르다. 몇 마디 하지 않고서도 설득력을 발휘하는 사람이 있는가 하면, 천 마디 만 마디 말을 늘어놓아도 남이 전혀 귀를 기울이지 않는 사람도 있다. 입 끝의 잘 잘못의 문제가 아니라, 말을 하여야 할 때에 하고, 하지 말아야 할 때 말을 하지 않는 사람이 설득력이 있는 사람인 것이다.

그렇다면 설득력은 선천적인 것인가, 혹은 후천적인 것인가 하는 것은 한마디로 말하기 어렵다.

천성적으로 설득력이 있는 사람도 없지는 않다. 그러

▶ 자기 암시:

나 대개는 자기의 경험이나 노력이나 연구를 쌓아감으로써 설득력을 몸에 지니게 된다. 수련 여하에 따라 얼마든지 수준을 높여 갈 수 있는 것이다.

이미 앞에서 말한 여러 가지 법칙이나 예화를 통하여 설득의 여러 가지 양상을 보아 왔다. 여기서는 마지막으로 '우리가 늘 설득력을 몸에 지니기 위하여서는 어떤 마음가짐을 가져야 하는가?' 라는 기초적 조건을 다섯으로 간추려 보았다.

1) 부득이 말하지 않으면 안 될 것을 파악한다

어떻게 잘 설득하느냐만을 생각하는 사람은 많으나, 설득하지 않으면 안 되는 것을 파악하고 있는 사람은 적다. 이렇게 하지 않으면 회사가 위태롭다, 이대로 나가면 남에게 누를 끼친다, 이것으로 앞길이 열린다, 꼭 그를 내 사람으로 만들고야 말겠다 등등 설득이 필요성 여하가 중요하다.

그냥 사람과 막연히 만나서 솜씨껏 말하려고 하여도 그것은 무리이고, 설득력도 향상되지 않으면 안 된다는 다짐이 없이는 설득할 도리가 없다. 역습당하고 쉽게 물러서거나 하는 것은 이 말하지 않으면 안 된다는 필요성이 아직 약하기 때문이다.

"과연 잘 될 것인가, 안 될 것인가?"

▶ 실천 사항:

어떻게 잘 설득하느냐만을 생각하는 사람은 많으나, 설득하지 않으면 안 되는 것을 파악하고 있는 사람은 적다.

"거절당하면 어떻게 하나?"

하고 처음부터 망설이거나,

"저쪽 얘기도 무리는 아니지."

"거절당해도 도리가 없지."

라고 저쪽 페이스에 말려드는 것도 설득하여야 할 이유
와 필요성이 희박해지고, 또 어떻게 설득하여야 하는가
의 수단이나 방법이 생겨나 있지 않기 때문이다.

꼭 말하지 않으면 안 될 일인가 어떤가를 잘 검토하
고, 그 필요성의 크고 작음을 확인한 뒤에 실질적인 설
득에 착수하게 되면 설득의 반은 성공한 것으로 생각하
여도 좋다.

2) 상대를 잘 안다

덮어놓고 일방적으로 이쪽 말만을 마구 늘어놓아도
상대는 움직이지 않는다. 오히려 경원시된다. 감정적으
로 억지스러움이 상대방에게 불쾌감을 안겨주게 되며,
이성적으로는 포인트가 뚜렷하지 않아 납득을 얻지 못
한다. 실패할 뿐이다.

먼저 상대방의 이야기를 들어주어야 한다. 사람은 언
제나 설득하는 쪽에 서고 싶은 것이며, 설득당하기를
원하지 않는 법이다. 남에게 설득당하여 그것에 따른다
는 것은 굴욕이라고 생각하는 사람도 있다. 그러므로

사람은 언제나
설득하는 쪽에
서고 싶은 것이며,
설득당하기를
원하지
않는 법이다.

▶ 자기 암시 :

먼저 사람의 마음을 온화하게 만들어 저항감을 지워 버리지 않으면 설득은 하지 못한다, 그러기 위하여서는 이쪽의 할 말을 먼저 하기보다 먼저 상대방이 하는 말을 들을 일이다. 말하기보다는 말하게 함으로써 상대방을 되도록 빨리 파악할 일이다.

상대를 말하게 함으로써 먼저 상대방의 마음에 있는 긴장감을 완화시키고, 나아가서는 친근감을 품게 할 수 있을 것이다. 그리고 무엇보다도 설득점을 찾아낼 수 있다는 효과가 얻어지는 것이다.

그렇다면 상대방을 말하게 하려면 어떻게 하여야 하는가? 상대방이 흥미와 관심을 가지는 화제로 유인하는 것이다. 흥미와 관심을 가지는 화제란 무엇인가? 그것은 그 사람에게 친근한 이야기이다.

여자는 말이 길다. 끝도 없이 계속된다, 계속되는 것은 그녀들이 즐겁기 때문이다. 기쁘기 때문이다. 슬프거나 괴롭거나 하면 계속될 리가 없다. 이야기의 내용은 슬픈 것, 괴로운 것, 알지 못하지만 마주 쳐다보며 이야기하는 일이 즐겁기 때문에 계속되는 것이다.

그것은 그 이야기가 다른 사람에게 있어서는 아무리 하찮은 이야기일지라도 그녀들로서는 흥미와 관심거리이기 때문이다. 그것은 동시에 그녀들에게 있어서 친근한 이야기이기 때문이다. 그 점을 잘 파악해서 이야기

상대를 말하게 함으로써 먼저 상대방의 마음에 있는 긴장감을 완화시키고, 나아가서는 친근감을 품게 할 수 있을 것이다.

▶ 실천 사항:

를 몰고 가면 상대방은 예외 없이 말하기 시작할 것이 틀림없다. 그러면 경청한다. 상대방 이야기 속에서 상대방의 취미와 성향 등을 이해하고 설득점을 파악한다. 우선 말하게 해놓고 상대방을 붙잡는 일이야말로 중요하다.

3) 요점은 구체적으로 제시한다

설득할 문제의 중심점은 구체적으로 나타내 보이지 않으면 설득력을 잃는다. 막연히 무엇인가를 요구한다 하여도 한낱 정신론으로 그치고 말아서는 효과는 만족스럽지 못하다.

가령 부하에게 무엇인가를 요구하고 그것을 실행하기를 바랄 경우에는 상대방이 어김없이 납득할 만한 구체적인 방법을 보여 줄 일이다.

"저기 돌이 있다. 큰 돌이다. 그걸 가져오너라."

이렇게 명령하는 것만으로는 명령하는 측에서는 그것을 알지만, 명령을 받는 측에서는 알기 힘들다. 돌이 울퉁불퉁하고 크다고 하여서는 명확하지 않다.

"여기 서서 보면 전방 약 10미터 지점에 소나무 한 그루가 서 있지, 그 나무 줄기에서 약 1미터 오른쪽에 돌이 세 개 있다. 그 중에서 가운데 돌을 집어오라."

이런 식으로 구체적으로 말하지 않으면 상대방을 어

설득할 문제의 중심점은 구체적으로 나타내 보이지 않으면 설득력을 잃는다.

▶ 자기 암시:

리둥절하게 만들 뿐이다.

업무에 대하여서도 구체적으로 계획을 분명하게 무엇 때문에, 무엇을 어떻게 하는가를 설명하고, 그것이 완성되면 이렇게 된다고 하는 설득이 아니면 사람은 하려고 하는 마음을 일으키지 않는다. 아무리 기합을 넣어도 우물쭈물할 뿐이다.

사람이 할 마음을 일으킬 경우는 자기의 지혜를 발휘할 수 있는 기회가 주어졌을 때이다.

사람은 자기의 지혜를 업무 전체에 발휘할 수 있을 때 비로소 보람을 느낀다. 지혜를 발휘하게 하려면 알고 싶어하는 것을 알려 줄 일이다. 알고 싶어하는 것을 정확하게 알리지 않으면 알지 못한 채 불만이 생긴다. 불만은 비판이 되어 주위를 어둡게 한다. 알려줌으로써 상대방이 사태를 납득하게 하고, 구체적 방법을 제시함으로써 행동에의 도약점을 얻을 수 있다.

"당신의 입장은 이러이러하다. 행동 범위는 이렇고 최종 목표는 저렇다."
라고 하여야만 비로소 분기한다. 이 방식을 알면 누구나 할 마음을 먹을 것이다.

설득은 어떤 종류의 것이거나 구체적이어야 하고, 구름을 잡는 것 같은 이야기이어서는 안 된다. 이것은 일의 결과에 대하여서도 구체적인 설명이 마찬가지로 필

사람은 자기의 지혜를 업무 전체에 발휘할 수 있을 때 비로소 보람을 느낀다.

▶ 실천 사항:

요하므로, 그것에 대한 결과는 이렇다, 다음은 이렇게 하고자 한다, 라고 결과를 알린 뒤에 다음의 구체적인 방법에의 길로 나아가지 않으면 안 된다. 그리고 이 과정에 있어서 언제나 그들의 의견이나 지혜에 귀를 기울임으로써 참가 의식을 높여야 한다, 그렇게 함으로써만 이 설득은 완전하다.

4) 상대방을 내세운다

설득이란 친절하게 리드하면서 이쪽을 이해시키는 일이다. 친절하게 리드하는 것을 잊은 설득은 일시적인 책모로 속이는 결과가 될 뿐이기 때문에, 설득자와 피설득자 사이의 영속적 이익은 절대로 되지 않는다. '떠넘겼다'고 좋아서 몰래 웃을 때 상대방이 '아뿔싸' 하고 생각한다면 설득으로서는 뒤떨어진 것이다.

친절하게 리드한다는 것은 최종적으로는 상대방을 납득시키고 만족시키는 결과의 것이 아니면 안 된다. 쌍방이 50 대 50의 만족도로 타결되는 경우도 그러한데, 하물며 이쪽이 60, 상대방이 40이라는 만족도의 경우 등은 상대방의 양보에 의하여 그 설득이 성립된 것이니 그것에의 배려를 잊어서는 안 된다.

끝맺음이 완전한 설득이 아니면 진정한 설득의 성공이라고는 할 수 없다. 즉,

▶ 자기 암시:

"이번 일에 있어서는 이번 일에 양보해 주었기 때문에 상대방이 살아날 수 있었다."

라고 피설득자가 마음의 만족을 얻을 수 있도록 하는 것이 친절한 리드인 것이다.

"정말 감사하다."

"살았다."

"고마워."

"친절은 평생 잊지 않겠다."

라는 말과 그것을 뒤받침하는 행동에 의하여 상대방의 우월감이나 명예심을 충족시켜 줄 일이다. 여행지에서의 한 장의 엽서에,

"마침 이 근방에 왔던 길에 잠깐 들렀는데, 그 동안 아무 일 없으셨습니까?"

등등의 행동으로 인하여 상대방은,

"그 때 일을 잊어버리지 않았구나. 고맙게 생각하고 있구나."

하고 호의를 갖게 되며, 그 때에 치른 자기의 희생이나 양보를 잊어버려 줄 것이 틀림없다. 예절이란 미흡한 데가 없는 것이라는 이해한다면 여기에는 이 미흡한 데가 없이 하는 배려가 절대로 필요해진다. 이와 같은 자상하고 친절한 리드에 의하여서만이 자기를 알게 할 수 있는 것이다. 그것이 설득이다.

자상하고 친절한 리드에 의하여서만이 자기를 알게 할 수 있는 것이다. 그것이 설득이다.

▶ 실천 사항:

5)평소의 분위기 조성이 중요하다

설득하지 않으면 안 될 필요가 일어났을 때에만 갑자기 정다운 태도나 간지러운 목소리로 접근하여도 설득은 되지 않는다. 오히려 경계심을 일으키게 하든가, 경멸당하든가 하는 결과가 되어 버린다. 평소의 분위기 조성이 중요하다. 노자는 말하고 있다.

"사람은 자기가 밟는 발 밑에만 지면이 있으면 된다고 생각하고, 밟지 않는 지면은 필요 없다고 생각한다. 잘못이다. 밟지 않는 지면이 있기 때문에 사람은 어디든지 갈 수 있는 것이다."

노자는 제멋대로 효율적인 사고 방식을 비웃고 있는 것이다. 자기가 필요한 때에만 상대방을 마음대로 움직이게 한다면 가장 효율적이지만, 사람은 그렇게는 되지 않는다. 평소에 서로 마음이 통함으로써만이 엄청날 만큼의 무리도 '좋다' 하고 들어 주는 것이다. 평소 교제하는 사람을 배반하지 않는 사람으로서 평판이 정착할 만한 분위기 조성을 해두는 일, 그렇게 함으로써 생동감 있고 감명 깊은 설득을 할 수 있는 것이다.

▶ 자기 암시:

제6장

위기를 기회로 바꾸는 자기 혁신법

1. 적극적인 마음가짐을 가져라

당신에게 어떤 문제가 발생했다면 그것은 오히려 좋은 일이다. 왜냐 하면 그것은 당신의 문제에 대한 승리를 되풀이하는 일이, 성공의 사닥다리를 오르는 일이 되기 때문이다. 승리를 거둘 때마다 당신은 슬기와 도덕적 능력, 경험이 함께 성장한다. 당신은 문제를 발견하고 그것과 대결하며 적극적 사고를 갖고, 그것을 정

승리를
거둘 때마다
당신은 슬기와
도덕적 능력,
경험이 함께
성장한다.

▶ 실천 사항:

복할 때마다 보다 낮게, 보다 크게, 보다 성공하는 인간이 되는 것이다.

하던 일을 잠시 멈추어서 그것에 관해 진지하게 생각해 보자. 당신은 당신의 인생에 있어서도, 또는 역사상의 어떠한 사람의 인생에 있어서도, 진정한 성공이란 그 사람이 직면한 문제 덕분이 아니었던 예를 하나라도 알고 있는가?

어느 누구라도 문제를 갖고 있는 법이다. 이것은 당신을 포함해서 이 세상의 모든 것이 쉴새없는 변화의 과정에 있기 때문이다. 변화는 움직일 수 없는 자연의 법칙인 것이다. 당신에게 있어 중요한 일은 변화의 도전에 대한 성공이나 실패가 당신의 마음가짐에 달려 있다는 점이다.

또한 당신은 당신의 생각을 지배하고, 당신의 감정을 컨트롤하고, 그렇게 함으로써 당신의 태도를 규제할 수가 있을 것이다. 뿐만 아니라, 당신은 당신의 태도가 적극적인지 소극적인지 선택할 수 있을 것이다. 따라서 당신은 당신 자신이나, 당신 주위의 변화에 영향을 미치고, 이용하고, 컨트롤하고 조화해 나갈 수 있는지 어떤지를 결정할 수 있을 것이다.

당신이 적극적 사고를 갖고 변화의 도전에 대한다면 당신은 당신이 만나는 어떠한 문제에도 현명하게 해결

▶ 자기 암시:

해 나갈 수가 있을 것이다.

만일 당신이 적극적인 마음가짐의 주요한 제1요소, 즉 신은 항상 좋은 신이다 하는 것을 알고, 또한 믿는다면, 당신은 다음과 같은 공식을 효과적으로 사용하여 당신의 문제에 대처할 수가 있다.

첫째, 신의 이끌어주실 일을 찾도록 하라. 올바른 해결을 찾아내기 위한 도움을 청하라.

둘째, 생각하고, 또 생각하라.

셋째, 문제를 똑똑히 자신에게 말하라. 그것을 분석하여 명확히 하라.

넷째, 당신 자신에게 정열을 발휘하여 "그것도 좋은 일이지" 하고 말하라.

다섯째, 다음과 같은 두 가지 질문을 자기 자신에게 던져보라.

① 그것의 어떤 점이 좋은가?

② 나는 어떻게 하면 이 역경을 그것만큼의, 혹은 그 이상의 이익이 되도록 바꿀 수 있을까? 혹은 어떻게 하면 나는 이 부채를 보다 큰 재산으로 바꿀 수가 있을까?

여섯째, 당신이 효과 있는 대답을 적어도 하나는 발견할 때까지 이 질문에 대한 대답을 찾으라.

나는 어떻게 하면
이 역경을
그것만큼의,
혹은 그 이상의
이익이 되도록
바꿀 수 있을까!

▶ 실천 사항:

그런데 일반적으로 말해서 당신이 직면하는 문제에는 두 종류가 있을 것이다. 그 하나는 개인적인 문제, 즉 감정적·경제적·정신적·도덕적·육체적 문제이고, 또 하나는 비즈니스상의 문제, 혹은 직업상의 문제이다.

2. 적극적인 사고는 인생 전체를 바꾼다

개인적인 문제는 우리들 모두가 경험하는 가장 직접적인 문제이다.

여기서 인간이 경험할 수 있는 가장 가혹한 문제를 경험한 어떤 사나이의 예를 들어 보자.

그는 가난 속에서 자랐다. 초등학교에 다닐 때 벌써 홀어머니의 생활을 돕기 위해 시애틀의 항구를 방황하며 신문도 팔고 구두닦이도 했다. 조금 자라자 여름 한철 알래스카 항로의 화물선 선실의 보이가 되었다. 그 뒤, 17세로 고교를 마치자 그는 집을 뛰어나왔다. 그리하여 철도로 이동하는 떠돌이패에 끼여 합중국 곳곳을 유랑했던 것이다.

개인적인 문제는
우리들 모두가
경험하는
가장 직접적인
문제이다.

▶ 자기 암시:

그의 동료는 모두 거친 사람들뿐이었다. 그는 노름에 손을 대었고, 차츰 더욱 인간 쓰레기가 되어 갔다. 도망자·밀수꾼·가축 도둑 같은 자들이 그의 동료였었다. 멕시코에서는 판초 빌러의 패에 들어갔다.

그의 이름은 찰리 워드이다.

"저의 잘못은 나쁜 친구들과 어울렸다는 데 있었습니다. 저의 죄 가운데 큰 것은 나쁜 사람들과 손을 잡는 일이었습니다."

찰리 워드는 훗날 이렇게 술회하고 있다.

그는 이따금 노름에서 큰돈을 버는 일도 있었으나, 곧 그것을 잃고 마는 것이었다. 마침내 그는 마약 밀수 혐의로 체포되었다.

이리하여 워드가 리븐 워드 교도소에 들어갔을 때에는 34세였다. 그는 그런 자들과 서로 만나고 있었는데도 불구하고 그 이전까지 한 번도 교도소에 들어간 일이 없었던 것이다. 감옥에 갇히는 몸이 되자, 비로소 그는 비참한 생각이 들었다. 언제까지 이런 감옥에 있지 않겠다고 다짐하고 탈옥의 기회를 엿보았다.

그러던 차 어떤 일이 생겼던 것이다. 찰리는 태도를 소극적인 것에서 적극적인 것으로 바꾸는 길을 택했다. 다시 말해서 그는 자기의 적극적인 사고로 바꾸는 데 도전했다. 그의 내부에 있는 무엇인가가 적의를 품는

찰리는 태도를 소극적인 것에서 적극적인 것으로 바꾸는 길을 택했다. 다시 말해서 그는 자기의 적극적인 사고로 바꾸는 데 도전했다.

▶ 실천 사항:

것을 버리고, 그 교도소에 있어서의 최우량의 복역자가 되도록 그에게 속삭였던 것이다. 그리하여 그 순간부터 그의 전 생활은 그에게 가장 편리한 방향으로 흐르기 시작했다. 소극적인 사고 방식에서 적극적인 사고 방식으로 바뀌었을 뿐인데, 찰리 워드는 자기 자신을 지배하기 시작했던 것이었다.

우선 그는 자기에게 몇 가지인가의 질문을 해 보았다. 그리고 어른이 되어서 처음으로 그 대답을 성서 속에서 찾아냈다. 교도소 감방에서 그는 성서를 읽기 시작했다. 몇 번이고 그것을 읽었던 것이다.

태도를 바꾸었다는 것, 그리하여 그 결과 그의 평소의 행동도 바뀌었으므로 교도관들의 호감을 사게 되었다. 이리하여 그는 1백50명의 부하를 가진 교도소 내의 동력 공장 감독자가 되었다.

이 무렵 미네소타 주의 세인트 폴에 있는 브라운 엔드 비질로 사의 사장 하버드 휴즈 비질로가 탈세 혐의로 리븐 허드 교도소에 들어왔다. 찰리 워드는 그와 친해졌다. 사실 그는 비질로가 환경에 보다 빨리 적응하도록 여러 가지 힘을 써주었던 것이다.

▶ 자기 암시:

3. 불행은 오히려 행복에의 출발이다

비질로는 찰리의 우정과 원조를 매우 고맙게 생각했으므로 교도소를 출감할 때 찰리에게 이런 말을 했다.

"당신은 나에게 참으로 고맙게 해 주었소. 교도소를 나오거든 잊지 말고 꼭 세인트 폴을 찾아오시오. 일자리를 마련해 주겠소."

5주일 후 찰리도 출감했으므로 세인트 폴로 갔다. 약속한 대로 비질로는 찰리에게 일자리를 주었다. 그는 주급 25달러의 노무자로서 직책이 주어졌던 것이다.

찰리는 적극적인 사고를 가지고 일했기 때문에 1년 반쯤 지나자 반장이 되었던 것이다. 그리고 1년 후에는 감독으로 승진했다. 마침내는 부사장 겸 총지배인이 되었던 것이다.

1933년 9월 비질로는 사망했다. 찰리 워드는 브라운 엔드 비질로 사의 사장이 되었다. 그리하여 1959년 여름 73세로 그가 죽을 때까지 그 자리에 머물러 있었다.

이 기간 중 이 회사의 매상은 3백만 달러 남짓했던 실정에서 연간 5천만 달러라는 경이적인 신장을 했다.

▶ 실천 사항:

찰리는 적극적인 사고를 가지고 일했기 때문에 1년 반쯤 지나자 반장이 되었던 것이다. 그리고 1년 후에는 감독으로 승진했다.

브라운 엔드 비질로 사는 같은 업중의 최대 회사가 되었던 것이다.

워드의 적극적인 마음가짐과 보다 불행한 사람을 돕겠다는 열의 덕분에 그 자신은 마음의 평안과 행복과 인생에 있어서의 좋은 것을 손에 넣을 수 있었던 것이었다. 루스벨트 대통령은 그의 모범적인 생활 태도를 인정하고, 그의 시민권을 복권시켜 주었다. 그를 아는 사람은 누구나 그를 최고로 평가하고, 남을 돕는 일의 모범으로 삼았던 것이었다.

그의 가장 색다르고 칭찬할 만한 활동의 하나는, 5백 명이 넘는 전과자 남녀를 고용한 일이리라. 그는 자기도 전과자였었다는 것을 결코 잊지 않았다. 그는 그 심벌로서 옛날 교도소에서의 죄수 번호를 그 팔찌에 각인하고 있었다.

찰리 워드는 교도소에 보내졌으나 그것이 그로서는 오히려 새로운 삶의 기회였던 것이었다. 만일 그가 그때까지 걸었던 방향으로 내내 걸어갔다면 찰리 워드는 어떻게 되었는지 알 수가 없기 때문이다. 모르기는 하나 고작 비참한 운명이 기다리고 있었을 것이다. 그러나 그는 교도소에서 자기를 바꾸는 일에 도전했다. 그리하여 그는 거기서 그의 개인적 문제를 해결하는 데 있어 적극적 사고를 사용한다는 방법을 배웠던 것이다.

▶ 자기 암시:

모든 사람들에게 있어 다행인 것은 찰리 워드가 직면하고 해결해야만 되었던 것과 같은 가혹한 문제에 모두가 직면하고 있지 않다는 사실이다. 그러나 찰리의 이야기에는 그가 소극적인 마음에서 적극적인 마음을 가졌다는 일 말고도 배울 바가 있다. 당신은,

"저의 최대 잘못은 나쁜 친구들과 함께 있었다는 것이었습니다."

하는 찰리의 말을 기억하고 있을 것이다. 소극적인 생각이란 흔히 전염성의 것이며, 나쁜 습관 또한 그러하다. 사귀고 있는 친구를 보면 그 사람을 알 수 있다고 하는 것도 이 때문이다.

4. 단 하나의 아이디어만으로도 성공한다

무릇 인생의 모든 문제가 그렇듯 깊고 날카로운 성질인 것만은 아니다. 직접적인 문제를 처리하는 데 필요한 것 전부가 재빠른 사고 방식이고, 적응성이고, 문제의 원인이 되어 있는 상황을 통찰하는 것만으로 끝나는 일도 흔히 있는 것이다.

▶ 실천 사항:

소극적인 생각이란 흔히 전염성의 것이며, 나쁜 습관 또한 그러하다. 사귀고 있는 친구를 보면 그 사람을 알 수 있다고 하는 것도 이 때문이다.

문제는, 실패를 성공으로 바꾸는 데 있어 실행이 따르는 단 한 가지의 아이디어만으로도 족한 일이 얼마든지 있다는 것이다.

1939년 시카고 시의 북 미시간 거리에는 사무실이 거의 텅텅 비어 있다시피 했다. 어느 빌딩이고 비어 있는 사무실이 많았다. 반쯤 차 있다면 아주 운이 좋은 편이었다. 말하자면 최악의 불경기였다.

이 때 이 암담한 상황 아래 어떤 빌딩의 지배인이 적극적인 정신으로 이것과 대결했다. 그는 말하자면 어떤 아이디어를 갖고 있었다. 그리고 그는 그것을 실행했던 것이다! 이 사나이는 노스웨스턴 생명 보험 회사가 저당 기일이 지나 맡게 된 어떤 큰 빌딩을 경영하지 못하고 있었다. 그러나 불과 1년 동안에 그것이 1백 퍼센트가 차고, 게다가 빌려달라는 사람이 얼마든지 있었던 것이다. 그 비결은 무엇이었을까? 이 새로운 지배인은 빌릴 사람이 없는 사무실 문제를 불운이란 생각하지 않고 도전이라고 생각한 것이었다.

다음은 그의 말이다.

"나는 내가 무엇을 원하는지 분명히 알고 있었습니다. 나는 신용이 있고, 선발된 입실자에 의해 사무실이 전부 채워지는 걸 바라고 있었지요. 나는 지금 상태로 그런 것이 꿈만 같다는 것도 알고 있었습니다. 그래서

▶ 자기 암시:

나는 다음과 같은 일을 함으로써 얻는 바가 있을지언정 잃는 바는 아무것도 없다고 결론지었지요."

그는 다음과 같이 판단하고 그것을 실행했다.

첫째, 내가 고른 바람직한 입실자를 찾아내자.

둘째, 예상 고객 각자의 상상력을 자극해 보자.

셋째, 이 훌륭한 사무실을 그들이 지금 지불하고 있는 것보다도 비싸지 않은 임대료로 제공하자.

넷째, 그것뿐 아니라, 만일 1년의 임대차가 계약의 조건으로 같은 월액의 세를 지불한다면 현재의 임대차 계약의 책임을 맡도록 하자.

다섯째, 이와 같은 것 외에도 무료로 방을 다시 장식해 주자. 솜씨 있는 건축가와 실내 장식가를 고용하여 저마다의 새로운 입실자의 개인적 취미에 맞도록 빌딩의 방을 개조해 주자.

그가 한 결과는 놀랄 만한 것이었다. 그 해 연말에 가서는 당초 10퍼센트밖에 입주자가 없었던 빌딩이 1백 퍼센트 차게 되었다. 그 거리의 바로 옆에는 아직도 비어 있는 채인 빌딩이 얼마든지 있었는데도 말이다.

이 훌륭한 사무실을 그들이 지금 지불하고 있는 것보다도 비싸지 않은 임대료도 제공하자.

▶ 실천 사항:

5. 어머니의 참사랑

조지 W. 캠벨은 태어날 때부터의 장님이었다. 의사는 그것을 가리켜 '선천적 쌍안 백내장'이라고 말했다. 캠벨은 볼 수가 없었지만 부모님의 사랑과 신앙은 그의 인생을 풍부한 것으로 만들었다. 아직 너무나도 어렸기 때문에 그는 자기에게 무엇이 결여돼 있는지도 몰랐다.

그리하여 그 뒤 캠벨이 여섯 살이 되었을 때 그가 이해할 수 없었던 어떤 일이 생겼던 것이다. 어느 날 오후, 그는 다른 아이들과 놀고 있었다. 다른 어린이가 캠벨의 앞 못 보는 것을 깜박 잊고서 그에게 볼을 던졌다. 그리고 그제서야,

"조심해라 조지 볼에 맞겠다."

하고 외쳤다.

그러나 볼은 캠벨에게 맞지 않았다. 그러나 캠벨은 다치지는 않았으나 그를 어리둥절케 만드는 의문이 생겼던 것이다. 그래서 그는 어머니에게 물었다.

"어머니, 빌이 어떻게 내가 알기도 전에 나에게 어떤 일이 생기려 하고 있는지 알아요?"

캠벨은 볼 수가 없었지만 부모님의 사랑과 신앙은 그의 인생을 풍부한 것으로 만들었다.

▶ 자기 암시 :

그녀는 한숨을 지었다. 그녀가 겁내고 있었던 일이 마침내 닥쳐왔기 때문이다. 지금이야말로 아들에게 비로소,

"너는 앞을 못 보는 장님이란다."

하고 알려야만 할 때가 온 것이다.

"조지야, 이리 와서 앉아라."

그녀는 그의 손을 잡아주며 부드럽게 말했다.

"나도 잘 설명할 수 없고 너로서도 잘 모를지 모르지만, 이렇게 말하면 알 수 있을까?"

그러고서 정답게 그의 작은 손 하나를 잡고서 그 손가락을 세기 시작했다.

"하나, 둘, 셋, 넷, 다섯. 이 손가락은 오감이라고 부르는 것과 똑같단다."

그녀는 엄지손가락과 집게손가락 사이에 그의 손가락을 끼어잡고 하나하나 만져 갔다.

"이 작은 손가락은 듣기 위한 것, 이 작은 손가락은 만지기 위한 것, 이 작은 손가락은 냄새 맡기 위한 것, 이것은 맛보기 위한 것."

이렇게 말하고 그는 말을 잇는 데 주저했다.

"이 작은 손가락은 보기 위한 거란다. 그리고 다섯 손가락의 저마다처럼, 오감의 저마다가 너의 머리에 신호를 보내도록 되어 있단다."

▶ 실천 사항:

그녀는
엄지손가락과
집게손가락
사이에 그의
손가락을 끼어잡고
하나하나
만져 갔다.

그러고 나서 그녀는 그녀가 보기 위해서라고 부른 작은 손가락을 꼬부려 그의 손바닥에 닿도록 했다.

"조지야, 너는 다른 아이들과 다르단다. 너는 네 개의 손가락밖에 없는 것처럼 네 개의 감각밖에 없단다. 듣는 일, 만지는 일, 냄새 맡는 일, 맛보는 일은 할 수 있지. 하지만 보는 감각은 갖고 있지 않은 거야. 그럼 잠깐 일어서 볼래?"

어머니는 부드럽게 말했다. 캠벨은 일어섰다. 어머니는 볼을 하나 손에 잡고 말했다.

"자, 이것을 잡도록 손을 내밀어 보렴."

조지는 손을 내밀었다. 그러자 그는 곧 자기의 손가락에 단단한 볼이 잡히는 것을 느낄 수 있었다.

6. 보는 것부터 배워라

"참 잘 했어요."

어머니는 외쳤다.

"네가 지금 한 일을 잊지 말아라. 조지야, 너는 다섯 손가락 대신 네 손가락으로도 볼을 잡을 수가 있단다.

조지야, 너는 다른 아이들과 다르단다. 너는 네 개의 손가락밖에 없는 것처럼 네 개의 감각밖에 없단다.

▶ 자기 암시:

너는, 아니 너만 마음을 먹는다면 다섯 개인 감각 대신에 네 손가락으로도 볼을 잡을 수가 있단다. 너만 마음을 먹는다면 다섯 개인 감각 대신, 네 개의 감각만으로도 얼마든지 행복한 생활을 잡을 수 있단다.”

캠벨의 어머니는 비유법을 썼던 것이다. 그러므로 이렇듯 단순한 화법이라도 사람과 사람의 사이에 생각을 전달하는 가장 재빠르고 효과적인 수단이 될 수 있는 것이다.

조지 캠벨은 다섯 손가락 대신 네 손가락이라는 심벌을 결코 잊지 않았다. 그것은 그에게 있어 일종의 자기 암시가 된 것이다. 그는 다섯 손가락 대신 네 손가락이라는 말을 수없이 뇌까렸다. 그런 때문에 필요한 때 언제라도 그것이 그의 잠재 의식에서 의식의 표면에 떠올라 왔던 것이다.

그리고 그는 어머니가 옳았다는 것을 알았다. 그는 충실한 인생을 붙잡을 수가 있었으며, 자기가 가지고 있는 네 가지 감각을 사용하여 그것을 지켜냈다.

그러나 조지 캠벨의 이야기는 여기서 끝나지 않는다.

고교에 다닐 때 이 소년은 병에 걸렸다. 그리하여 입원이 필요하게 되었던 것이다. 캠벨이 회복기에 들어섰을 때 과학의 진보 덕분에 선천적 백내장이 치료된다는 기쁜 소식을 아버지가 갖고 왔다. 물론 실패의 가능성

조지 캠벨은
다섯 손가락 대신
네 손가락이라는
심벌을 결코
잊지 않았다.
그것은 그에게
있어 일종의 자기
암시가 된 것이다.

▶ 실천 사항:

은 있었다. 그러나 성공의 가능성 쪽이 실패의 그것보다도 훨씬 많았던 것이다.

캠벨은 보이게 되는 것을 몹시 바라고 있었으므로 보이도록 되기 위해 실패의 위험을 모험하는 것쯤 아무렇지도 않은 것이었다. 그 뒤 6개월 동안 양쪽 눈에 두 번씩, 도합 네 번의 델리케이트한 외과 수술이 실시되었다. 캠벨은 며칠 동안 양쪽 눈에 붕대를 하고서 병원의 암실에 누워 있었다. 그리고 마침내 붕대를 푸는 날이 찾아왔다. 천천히 주의 깊게 의사는 캠벨의 머리 둘레와 두 눈에서 가제를 떼어냈다. 캠벨은 아직도 전문적으로 말한다면 장님이었다.

무서운 한 순간, 그는 생각하면서 누워 있었다. 이윽고 그는 의사가 침대 옆을 거니는 소리를 들었다. 그리고 곧이어 무엇인가 그의 두 눈 위에 놓여졌다.

"어때요, 보입니까?"

의사의 질문에 캠벨은 베개에서 머리를 조금 들었다. 흐릿한 빛깔에 색채가 보였다. 그것은 색깔이 있는 모양이었고 모습이었다.

그를 부르는 소리가 들렸다. 그로선 그 목소리의 주인을 금방 알 수 있었다. 그것을 어머니의 목소리였던 것이다. 18년의 인생을 살아오는 동안 처음으로 캠벨은 자기의 어머니를 본 것이었다. 거기에는 피로한 눈,

흐릿한 빛깔에 색채가 보였다. 그것은 색깔이 있는 모양이었고 모습이었다.

▶ 자기 암시 :

주름살이 잡힌 62세의 얼굴, 손가락 마디가 굵고 거칠기만 한 손이 있었으나, 캠벨에게 있어서는 그 어느 것보다도 그녀가 아름다운 것이었다.

그에게 있어 그녀는 천사였다. 고생과 인내의 세월, 교육과 계획의 세월, 그의 눈이 되어 주며 지내온 세월, 사랑과 감동, 그것이 캠벨이 본 것이었다.

지금까지도 그는 이 최초로 본 모습 자기의 어머니를 처음 본 인상을 마음에 새겨두고 있다. 그리하여 당신도 이미 알았겠지만, 그는 그 최초의 경험으로 인해 보는 감각에 감사하는 것을 배웠던 것이었다.

"그것 없이 살아보게 되지 않고서는 누구라도 본다는 것의 기적을 이해할 수가 없습니다."

캠벨의 말이다. 그는 또 적극적 사고의 연구에 관심을 갖고 있는 사람이라면 누구에게서라도 도움이 되는 어떤 것들을 배웠던 것이다. 그는 병실 안에서 그의 앞에서 있었던 어머니를 보고 그녀의 목소리를 들을 때까지는 그녀가 누구인지, 아니 그녀가 어떤 사람인지조차 몰랐었던 날의 일을 결코 잊지 못할 것이다. 캠벨은 이렇게 지적하고 있다.

"우리들이 보는 것은 항상 마음의 판단인 것입니다. 우리들은 우리들이 보는 것을 해석하기 위해 마음을 훈련하지 않으면 안 되는 것입니다."

▶ 실천 사항:

이것은 무슨 말인고 하면, 우리들 중의 어떤 사람은 우리들 둘레에 있는 힘이나 아름다움을 거의 보는 일이 없이 일생을 마치고 있다는 말이다.

7. 마음의 시력으로 보다

가장 일반인 눈의 육체적 약함은 근시와 원시라는 두 가지의 정반대인 극단인데, 마음의 시력의 주요한 뒤틀림도 여기에 있다. 정신적으로 근시인 사람은 멀리 있는 대상이나 가능성을 빠뜨리고 보는 경향이 있다. 그는 바로 눈앞에 있는 문제만 주의하고, 미래에 대해서 생각하거나 계획하거나 하여 손에 들어오는 기회에 대해서는 장님이다. 만일 당신이 계획을 하든가, 목표를 세우든가, 장래를 위해 기초를 쌓든가 하지 않는다면 당신은 근시인 것이다.

한편, 정신적으로 원시인 사람은 바로 눈앞에 있는 가능성을 빠뜨리고 보는 경향이 있다. 즉, 눈앞의 기회를 모르는 것이다. 이와 같은 사람은 현재와 아무런 상관도 없는, 미래인 꿈의 세계만을 보고 있는 것이다.

우리들은 우리들이 보는 것을 해석하기 위해 마음을 훈련하지 않으면 안 되는 것입니다.

▶ 자기 암시:

몬타나 주의 다비라는 작은 마을에 살고 있던 사람들은 다년간 그들이 크리스털 산이라고 부르는 산을 우러르며 살고 있었다. 그 산은 침식 작용에 의해 암염같이 보이는 눈부신 크리스턴 광맥이 노출돼 있었으므로 이렇게 불리고 있었던 것이다. 노두(露頭)까지는 1937년에야 길이 났는데, 누군지 그 눈부신 물질의 조각 하나를 주워서 실제로 그것을 관찰한 것은 그로부터 14년 뒤인 1951년의 일이었다.

A.E. 간레이와 L.I. 톰프슨이라는 두 명의 다비 주민이 마을 안에 진열되고 있었던 광물의 콜렉션을 본 것은 바로 이 1951년이었던 것이다. 톰프슨과 간레이는 이것을 보자 마자 크게 흥분했다. 그 광물의 진열품 가운데 녹주석(綠柱石;육각 기둥 모양의 결정을 이루는 녹색의 광물. 투명하고 광택이 남)의 샘플이 있었는데, 그것은 거기에 놓여진 카드에 의하면 원자력 연구에 사용되는 것이었다.

톰프슨은 광석의 견본품을 광산국에 보내는 한편, 광석의 광상(鑛床)을 보기 위해 검사관을 파견해 달라고 요청했다. 그 해 말경이 되어 광산국은 불도저를 산꼭대기까지 끌어올렸고, 그것이 진짜 귀중한 베릴륨(beryllium;은백색의 드문 금속 원소, 성질이 마그네슘·알루미늄과 비슷하며, 황산과 염산에 잘 녹아 수소를 발생시

당신이 계획을 하든가, 목표를 세우든가, 장래를 위해 기초를 쌓든가 하지 않는다면 당신은 근시인 것이다.

▶ 실천 사항:

킴)의 세계 최대인 광산의 하나인지 아닌지를 검사하기 위해 노두를 속까지 파헤쳐 보았다.

오늘날 흙 운반의 대형 트럭이 그 산을 기어올라가고, 극히 무거운 광석을 아래까지 실어 내리고 있다. 그리고 산기슭에서는 U.S. 스틸 사와 합중국 정부의 대표자가 이 매우 귀중한 광석을 입수하려고 돈뭉치를 쥐고 잔뜩 기다리는 상황에 있다.

이렇게 된 모든 원인은, 어느 날 두 명의 젊은 사나이가 그들의 눈으로 관찰했을 뿐 아니라, 그들의 마음으로 보는 수고를 아끼지 않았기 때문이었다. 지금도 이 두 사람은 억만 장자가 되는 길을 착실히 걷고 있는 것이다.

심리적으로 원시인 사람은, 그의 마음의 시력이 비뚤어져 있었다고 가정 한다면, 톰프슨이나 간레이는, 이 익에는 눈길이 가지 않고 먼 곳에 있는 가치밖에 볼 수가 없기 때문이다. 이 점에 대해서는 다음 장에서 다시 설명하겠다.

당신의 집 앞에도 행운이 뒹굴고 있을지도 모른다. 그러므로 주위를 잘 살펴보아야만 할 것이다.

▶ 자기 암시:

8. 멀리 도달하는 마음의 자유를 가져라

앞장에서도 말했지만, 당신의 집 앞에도 행운이 뒹굴고 있을지도 모른다. 그러므로 주위를 잘 살펴보아야만 할 것이다. 그리고 당신이 집의 자질구레한 일을 하고 있을 때 무엇인가 작은 짜증의 원인이 되는 것은 없는지? 아마도 당신은 그것을 극복하는 방법, 당신뿐 아니라 다른 사람에게도 도움되는 방법을 찾아낼 수가 있을 것이다.

이와 같은 가정의 필요를 채워 줌으로써 재산을 모은 사람도 많이 있다. 머리핀을 발명한 사람도 그러했고, 종이를 끼워두는 클립을 연구한 사람도 그러했다.

당신은 지금부터 당신의 주위를 돌아보아야 한다. 보는 일을 배워야 하는 것이다.

그러나 정신적인 근시에도 정신적인 원시인 경우와 똑같은 문제가 있다. 이와 같은 사람은 바로 눈앞에 매달려 있는 것만을 보고, 좀 먼 곳에 있는 가능성에는 전혀 눈길이 미치지 못한다. 이러한 사람들은 계획의 힘을 이해 못 하는 사람이다. 다시 말해 생각하는 시간이

당신의 주위를
돌아보아야 한다.
보는 일을 배워야
하는 것이다.

▶ 실천 사항:

라는 것의 가치를 이해 못 하는 사람이다. 그는 자기에게 직접 마주 보는 문제에 너무 구애되므로 새로운 기회를 찾고, 보다 큰 이미지를 파악하기 위해 멀리 도달하는 마음의 자유를 갖고 있지 않은 것이다.

미래를 볼 수 있다는 것은 인간의 두뇌의 가장 눈부신 성과의 하나이다. 플로리다의 감귤 지대 중심부 깊숙이 원터 헤이븐이라는 작은 읍이 있다. 그 곳은 농촌이다. 대개의 사람에게는 이 지방이 관광객을 끌어모으기에는 알맞지 않은 곳이라고 생각한 것도 무리가 아니었다. 그 곳은 고립된 장소로 해변도 없거니와 산도 없다. 있는 것은 단지 골짜기에 작은 호수와 실버들의 늪이 있는 완만한 언덕들이 이어져 있을 뿐이었다.

그런데 다른 사람이 이제까지 사용한 일이 없는 눈으로 이와 같은 실버들의 늪지대를 본 사람이 이 고장에 찾아왔던 것이다.

그의 이름은 리처드 포프라고 했다. 포프는 이 실버들의 늪지대 하나를 사고 그 둘레에 목책을 둘렀으며, 이윽고 그것을 세계적으로 유명한 실버들 가든으로 백만 달러의 값이 나가도록 만들었던 것이었다.

물론 그것은 입으로 말하는 것처럼 간단한 것은 아니었다. 모든 건 포프가 그의 입장에서 기호를 볼 수가 있었던 덕분이었다.

▶ 자기 암시:

이를테면 선전의 문제가 있었다. 포프는 이렇듯 인가에서 외떨어진 장소에 대중을 끌어올 수 있는 유일한 방법을 선전의 총알에 의하는 길밖에 없음을 잘 알고 있었다. 그러나 선전에는 돈이 든다.

그래서 포프가 한 일은 극히 간단한 일이었다. 그는 대중 상대의 사진관을 개업했다. 그리고 실버들 가든에 사진 재료점을 열고 관광객에게 필름을 팔았으며, 가든의 풍경을 어떻게 사진 찍으면 좋은지 가르쳤다. 그는 숙련된 수상 스키어를 고용하여 그들에게 여러 가지 연기를 시키고, 그 동안 확성기로 그것을 잘 찍자면 카메라를 어떻게 사용하면 좋은지 가르쳐 주었다.

그리하여 이들 여행자가 자택에 돌아갔을 때에는, 가장 좋은 여행 사진이 언제나 실버들 가든의 사진이었다고, 선전이 자연스레 되었던 것이다.

9. 우리들의 세계를 보는 법을 배워라

우리들 모두가 몸에 지녀야만 할 '창조적으로 본다'는 것은 이와 같은 것을 말한다. 우리들은 신선한 눈으

포프가 한 일은 극히 간단한 일이었다. 그는 대중 상대의 사진관을 개업했다.

▶ 실천 사항:

로 우리들의 세계를 보는 방법을 배우지 않으면 안 된다. 우리들의 주위에 가로 놓여 있는 기회를 볼 뿐 아니라, 동시에 찾아올 찬스를 위해 미래를 보는 눈도 길러 두어야 한다. 이렇게 함으로써 세계적으로 위대한 과학적 발견의 하나가 이룩되는 것이었다.

할머니의 농장에 휴가로 놀러와 있었던 어떤 영국인은 완전히 마음을 해방시키고 있었다. 그는 뒤뜰의 사과나무 아래 뒹굴면서 사색에 잠기곤 했다. 그 때 하나의 사과가 땅 위에 떨어졌다. 이 젊은이는 고등 수학을 공부하고 있는 학생 뉴턴이었다.

"왜 사과는 땅에 떨어질까?"

뉴턴은 여러 가지로 생각한 끝에 하나의 발견을 했던 것이다. 생각하는 것이란, 즉 마음으로 보는 것이다.

10. 지식을 응용하라

1869년, 일본의 도바에서 마침 11세가 된 미키모도 고키치는 마을의 국수 장수였던 아버지의 일을 거들고 있었다. 그런데 그의 아버지는 그만 병이 들어 일을 할 수가 없었다. 그래서 이 젊은이는 여섯 명의 동생과 부모를 먹여 살리지 않으면 안 되었다. 젊은 미키모도는 국수를 만들 뿐 아니라, 그것을 팔기도 해야만 했다. 그의 장사꾼으로서의 재능은 이 무렵부터 싹텄던 것이다.

미키모도는 어렸을 때 어떤 사무라이의 가르침을 받은 일이 있었는데, 그 가르침 가운데 이런 것이 있었다.

'진정한 신앙의 모범은 동포에 대한 친절과 사랑을 실행하는 일이며, 단지 기계적으로 되풀이할 뿐인 기도에 있는 게 아니다.'

적극적으로 행동한다는 이 기본적인 적극적 사고의 철학을 갖고 미키모도는 실행하는 사람의 되었던 것이다. 그는 아이디어를 실행에 옮기는 버릇을 길렀다.

20세가 되자 그는 어떤 사무라이의 딸과 사랑에 빠졌다. 이 젊은이는 자기의 장래 장인이 국수 장수와 딸을 결혼시키는 것을 기뻐하지 않으리라는 것을 알고 있었다. 따라서 그는 어떻게든지 장인의 눈에 들려고 직업을 바꾸어 진주 상인이 되었다.

세계의 각 분야에서 성공한 많은 사람과 마찬가지로 미키모도는 이 새로운 활동 영역에서 자기에게 도움이 된다고 생각되는 특별한 지식을 늘 찾았다. 그리하여 현대의 위대한 실업가와 마찬가지로 대학에서 원조를 구했다. 어떤 대학 교수가 아직 실험되지 않은 자연 법

진정한 신앙의 모범은 동포에 대한 친절과 사랑을 실행하는 일이며, 단지 기계적으로 되풀이할 뿐인 기도에 있는 게 아니다.

▶ 실천 사항:

칙의 학설을 미키모도에게 가르쳐주었던 것이었다.

그 교수는 이렇게 말했다.

"진주는 이를테면 모래알 같은 이질의 물체가 굴 속에 들어갔을 때, 굴 속에서 형성된다. 만일 그 이물질이 굴을 죽게 하지 않는다면 자연의 힘으로 그 이물질은 굴껍질 내면에 어미 진주를 만드는 것과 똑같은 분비물로 둘러싸이게 될 것이다."

미키모도는 자못 가슴이 설레였다. 그는 자기에게 스스로 물은 질문에 대한 대답을 기다리기가 조마조마할 정도였다.

굴 속에 인공적으로 작은 이물질을 접붙이고 자연스럽게 그것을 성장시켜서 진주를 양식할 수는 없을까?

그는 이 학설을 적극적으로 응용하여 마침내 진주왕이 되었다.

이 미키모도의 인생은 그가 성공의 17원칙을 전부 이용하고 있음을 나타내고 있다. 지식만이 당신을 성공시키는 것이 아니다. 지식을 응용함으로써 성공자가 될 수 있다. 그리고 행동을 하는 것이다!

우리들은 많은 남녀가 정신적인 지각을 응용하는 것을 배움으로써 성공한 예를 얼마든지 보게 된다. '보는 능력' 이라는 것은 눈의 망막을 통해서 광선을 포착한다는 육체적 과정으로 끝나는 것이 아니다. 그것은 당

지식만이 당신을
성공시키는
것이 아니다.
지식을
응용함으로써
성공자가 될
수 있다.
그리고 행동을
하는 것이다!

▶ 자기 암시:

신이 보는 것을 해석하고, 그 해석을 당신의 인생과 타
의 생활에 적용하는 기술인 것이다.

11. 곧 달려들어라

무슨 일인가 이룩하는 비결을 당신의 인생 일부로 만
들자면 어떻게 해야만 좋을까? 그것은 습관에 의해 그
렇게 하는 것이다. 그리고 그 습관은 반복함으로써 형
성된다.

미국의 위대한 심리학자이며 철학자였던 윌리엄 제
임스(William James;1842~1910.프로그머티즘을 이론적
으로 성숙시키고 기능적 심리학을 제창함)는 말했다.

"행동의 씨앗을 뿌리면 습관의 열매가 열리고, 습관
의 씨앗을 뿌리면 성격이 열매가 열리고, 성격의 씨앗
을 뿌리면 운명의 열매가 열린다."

그는 당신이 만들어내는 것을 당신의 습관이라고 말
하고 있는 것이다. 그러므로 당신은 당신의 습관을 자
유롭게 선택할 수가 있는 것이다. 당신은 셀프 스타터
(self starter;자동차 등의 자동 시동기)를 생각해 낸다면

행동의 씨앗을
뿌리면 습관의
열매가 열리고,
습관의 씨앗을
뿌리면 성격이
열매가 열리고,
성격의 씨앗을
뿌리면 운명의
열매가 열린다.

▶ 실천 사항:

당신이 바라는 어떤 습관이라도 당신의 몸에 지닐 수 있다.

그렇다면 무슨 일인가를 이룩하는 비결이란 무엇인가? 그리고 이 위대한 비결을 사용하는 것은, 당신에게 강요할 셀프 스타터란 무엇일까?

그것은 행동이다. 셀프 스타터란 '곧 달려들어라'라고 하는 자기 동기 부여이다.

한평생 당신은 그것이 바람직한 행동이 아닌 한 '곧 달려들어라'라고는 결코 말하지 않아야 할 것이다. 그리고 행위가 바람직한 것이고, '곧 달려들어라' 하는 신호가 잠재 의식에서 의식으로 번득거렸을 때에는 언제라도 즉각 행동하는 것이다.

작은 일에 대해서도 '곧 달려들어라' 하는 셀프 스타터에 대답하는 것을 항상 실행할 일이다. 그렇게 함으로써 당신은 반사 감응의 습관을 재빨리 몸에 익히게 되고, 더구나 그것이 매우 강력하므로 비상시나 기회가 찾아왔을 경우에는 즉각 행동할 수 있게 될 것이다.

H.G 웰스(Herbert Georrge Wells;1866~1946.영국의 문명비평가 및 작가)도 이와 같은 사물을 이룩하는 비결을 배운 사람이었다. 그리하여 그것을 실행했기에 많은 작품을 쓸 수 있었다. 그는 좋은 아이디어가 떠오르면 그것을 결코 그대로 놓치는 일이 없었다. 그 아이디어

셀프 스타터란
'곧 달려들어라'
라고 하는
자기 동기
부여이다.

▶ 자기 암시 :

가 아직 신선한 동안에 번득인 생각을 즉각 기록했던 것이다.

이와 같은 것이 한밤중에 생기는 일도 흔히 있었다. 그러나 아무리 한밤중이라도 웰스는 전등의 스위치를 켜고 침대 옆에 늘 준비되어 있는 종이와 연필을 집어다가 그것을 적었다. 그러고서 다시 잠을 청하는 것이었다.

보통이라면 잊어버린 아이디어라도 그것이 번득였을 때 곧 적어둔 인스피레이션의 번뜩임을 봄으로써 기억을 새로이 한다면 다시 되살아나는 법이다.

웰스의 이 습관은 당신이 행복한 생각이 떠올랐을 때 미소 짓는 것과 마찬가지로 자연스럽고 무리없이 나타나는 것이었다.

많은 사람에게는 우물거리는 습관이 있다. 그리고 그 때문에 기차를 놓치든가, 일이 지연되든가, 혹은 좀더 중요한 일, 이를테면 그들 인생의 코스를 보다 좋은 것으로 바꿀 수가 있는 기회를 놓치게도 되는 것이다.

그러면 셀프 스타터에 대해 좀더 알아보기로 하자.

보통이라면 잊어버린 아이디어라도 그것이 번득였을 **때** 곧 적어둔 인스피레이션의 번뜩임을 봄으로써 기억을 새로이 한다면 다시 되살아나는 법이다.

▶ 실천 사항:

12. 바로 지금이야말로 행동을 할 때이다

케네스 E. 하몬은 일본군이 마닐라에 상륙했을 때 그 곳에 해군 문관으로 근무하고 있었다. 그는 체포되어 포로 수용소에 보내졌다.

첫날 케네스는 같은 방에 있는 동료가 베개 밑에 한 권의 책을 갖고 있음을 보았다. 그 책의 재목은, 《생각하라, 그러면 부자가 된다》였다.

그는 이 책을 읽기 전까지 절망감에 사로잡혀 있었다. 포로 수용소에서 생길 수 있는 고난, 그리고 죽음까지도 생각하며 공포에 떨었다. 그러나 이 책을 읽어감에 따라 그의 태도는 희망에 넘치게 되었다. 그리고 그는 이 책을 자기 것으로 만들고 싶은 생각이 들었다.

"이것을 베끼게 해 줄 수는 없겠는가?"

하고 케네스는 동료에게 물었다.

"좋고 말고, 자네 마음대로 하게."

케네스 하몬은 사물을 이룩하는 비결을 썼던 것이다. 그는 즉각 행동에 옮겼다. 맹렬한 기세로 그는 그것을 타이프하기 시작했다. 한 단어 한 단어, 한 페이지 한

포로 수용소에서
생길 수
있는 고난,
그리고 죽음까지도
생각하며
공포에 떨었다.

▶ 자기 암시:

페이지, 한 장 한 장, 그는 베껴 나갔다. 언제 거기서 다른 곳으로 옮겨질지 모른다는 생각에 좇기고 있었기 때문에 낮이나 밤이나 그 일에 몰두하였다.

결과적으로 그렇게 한 것이 좋았던 것이다. 왜냐 하면 최후의 페이지를 베끼고 난 지 한 시간도 지나기 전에 일본군은 악명 높은 세인트 토머스의 포로 수용소로 그를 옮겼기 때문이었다. 그가 늦지 않게 일을 마칠 수 있었던 것은 늦지 않게 일을 시작했기 때문이다.

케네스 하몬은 포로로 있었던 3년 1개월 동안, 그 원고를 소중히 간직했다. 그리하여 그것을 되풀이해 가며 읽었다. 그것은 그에게 사상의 양식이 되었다. 그것은 그에게 용기를 북돋아 주었고, 장래의 계획을 세우도록 해 주었으며, 정신적 육체적 건강을 유지하게 해 줬던 것이다.

세인트 토머스 수용소의 포로들 대부분은 영양 실조와 공포감 때문에, 육체적으로나 정신적으로나 불치의 상처를 받았던 것인데, 그 때 케네스 하몬은 이렇게 말했다.

"나는 그 곳에 들어갈 때보다도 보다 낫게 되어서 세인트 토머스를 나왔다. 인생에 대하여 보다 준비를 잘 하고 정신적으로 보다 기민해져 있었다."

또 그의 다음 말로 그의 사고 방식을 알 수가 있다.

그가 늦지 않게 일을 맞출 수 있었던 것은 늦지 않게 일을 시작했기 때문이다.

▶ 실천 사항:

"성공은 쉴새없이 실행되어 있지 않으면 안 된다 그렇지 않으면 그것은 날개가 생겨 날아가 버리고 말 것이다."

바로 지금이야말로 행동할 때이다. 왜냐 하면 무엇인가를 이룩하는 비결은 바로 지금 행동하는 사람의 태도를 소극적인 것에게 적극적인 것으로 바꿀 수가 있기 때문이다. 또 헛되이 흘러갔을지도 모를 날들이 뜻있는 것이 될 수도 있기 때문이다

한마디로 말해서 케네스 하몬은 희망을 가질 수 있었기 때문에 자신의 생명을 구할 수 있었던 것이다.

13. 지금의 상황에 전념하라

코펜하겐 대학의 학생인 조지 줄다르는 어느 해 여름 여행자의 안내역인 아르바이트를 했다. 그는 보수 이상으로 일을 잘 했기 때문에 시카고에서 온 몇 사람의 관광객이 미국 여행의 기회를 만들어 주었다. 여정에는 시카고로 가는 도중 워싱턴에서 관광하는 일도 짜넣어져 있었다.

성공은 쉴새없이
실행되어
있지 않으면
안 된다
그렇지 않으면
그것은 날개가
생겨 날아가
버리고 말 것이다.

▶ 자기 암시:

조지는 워싱턴에 도착하자 이미 요금이 선불되어 있는 호텔에 들었다. 그의 양복 상의 포켓이 까무러칠 만큼 타격을 받았던 일은 그 때 생겼다.

막 잠자리에 들려고 했을 때 지갑이 없어진 것을 비로소 알았다. 그는 1층 프런트까지 뛰어내려갔다.

"최선을 다 해 찾아보겠습니다."

매니저는 이렇게 말했으나, 이튿날 아침이 되어도 지갑의 행방은 알 수 없었다. 조지의 포켓에는 그 때 2달러밖에 남아 있지 않았었다. 외국에서, 그것도 단 혼자서 어떻게 하면 좋을까? 덴마크 대사관에 가서 여권이 분실되었다고 보고해야만 좋을까? 경찰에 가서 무엇인가 소식이 있을 때까지 앉아 있어야만 하는 것일까?

이것저것 망설인 끝에 그는 돌연 이렇게 말했다.

"아냐, 나는 그런 일을 일체 하고 싶지 않다. 나는 워싱턴을 구경하겠다. 나는 두 번 다시 여기에는 오지 못할 것이다. 나는 이 대수도에서 귀중한 하루를 갖는 것이다. 어쨌든 나에게는 오늘 밤 시카고에 갈 수 있는 표가 있고, 그러고 나서도 돈과 여권 문제를 해결할 시간은 있다. 그러나 지금 내가 워싱턴을 구경하지 않는다면 두 번 다시 그 기회는 오지 못할 것이다. 내 고향에서는 몇 마일이나 걸은 일도 있으니까, 여기서도 나는 걸으며 구경하자."

나는 워싱턴을
구경하겠다.
나는 두 번 다시
여기에는 오지
못할 것이다.

▶ 실천 사항:

"지금이야말로 행복해질 때인 것이다."

"나는 지갑을 잃기 전의 어제와 똑같은 인간인 것이다. 나는 그 때 행복했다. 나는 지금도 행복해야만 한다. 이렇게 미국까지 와서, 이 위대한 도시에서 휴가를 즐기는 특권을 갖고 있는 것으로 만족하자."

그리하여 그는 걸어서 여행에 나섰던 것이다. 그는 백악관과 의사당을 구경하였다. 대박물관도 보았다. 워싱턴 기념탑의 꼭대기에도 올라갔다. 알링턴 묘지며, 기타 구경하고 싶다고 생각한 몇 군데는 가지 못했으나, 가능한 한 세밀히 구경했다. 피넛과 캔디를 사서 배고픔을 잊기 위하여 그것을 먹으며 다녔다.

그리하여 그가 덴마크에 돌아왔을 때 미국 여행에서 가장 인상에 남았던 것은 도보로 워싱턴을 걸은 그 날의 일이었다. 그 날은, 만약 그가 무엇인가를 이룩하는 비결을 응용하지 않았다면, 그것은 조지 줄다르로부터 영원히 사라져 버렸을 것이다.

그는 '지금이 그 때이다' 하는 말의 진리를 알고 있었던 것이다. 그는 '어제'는 이런 일을 할 수 있었는데, 하는 것들을 생각하기 전에 '현재'에 전념해야만 한다는 것을 알고 있었던 것이다.

그는 '어제'는 이런 일을 할 수 있었는데, 하는 것들을 생각하기 전에 '현재'에 전념해야만 한다는 것을 알고 있었던 것이다.

▶ 자기 암시:

14. 적극적인 마음가짐으로 달려들어라

1995년, 클레먼트 스톤은 17명의 회사 간부와 함께 국제판매간부협회의 대표로서 아시아 태평양 지역을 여행했다. 11월 중순의 어떤 화요일, 그는 오스트레일리아의 멜버른의 비즈니스맨 그룹에게 '동기 부여'에 관한 강연을 했다. 그 다음 목요일 밤, 그에게 전화가 걸려왔다. 그것은 금속제 케비닛을 팔고 있었던 어떤 회사의 매니저인 에드윈 더 이스트라는 사람에게서였다. 이스트 씨는 홍분된 목소리로 이렇게 말했다.

"놀랄 만한 일이 생겼어요! 그것을 말씀 드린다면 당신도 나처럼 틀림없이 열광하실 것입니다."

"말씀해 주십시오. 무슨 일이 생겼습니까?"

"놀랄 만한 일입니다. 당신은 화요일에 '동기 부여'에 관해 말씀해 주셨지 않습니까? 그 강연에서 당신은 사람을 분발시키는 열 권의 책을 추천하셨습니다. 나는 그 중에서 《생각하라, 그러면 부자가 된다》라는 책을 사서 그 날 밤중으로 그것을 읽기 시작했습니다. 나는 몇 시간이고 읽었습니다. 다음날 아침, 또 그것을 읽기

▶ 실천 사항:

시작하고, 그리고 한 장의 종이에 다음과 같이 썼지요. '나의 분명한 대목표는 금년에 작년의 판매고의 두 갑절을 파는 일이다!' 그런데 놀랍게도 48시간 이내에 내가 그것을 달성한 것입니다."

"어떻게 그걸 달성하셨습니까?"

스톤은 이스트에게 물었다.

"동기 부여에 관한 이야기 중에서 당신은 비스콘신의 당신의 아랫사람인 세일즈맨이었던 알 알렌이 어떻게 가가호호 방문을 하여 팔았는지 말씀해 주셨지요. 그때 당신은 알에게 하루 종일 방문하여 얻는 바가 아무것도 없었던 것이 오히려 다행이었다고 했습니다. 그래서 그 날 밤 알 알렌은 사람을 분발시키는 불만을 폭발하게 되었다고, 즉 알은 다음날 전혀 똑같은 집집을 다시 한 번 방문하고, 다른 친구들이 꼬박 1주일 걸려서 파는 것보다 더 많은 보험을 계약해 보이겠다고 말입니다. 알은 같은 읍내를 구석구석 돌아다녔습니다. 그리하여 66건이나 신규인 상해 보험을 계약했다고, 나는 당신이 이렇게 말씀하신 것을 기억하고 있습니다. 그것은 도저히 불가능한 일이라고 생각될지 모르지만, 알은 그것을 해냈어요. 나는 당신을 믿었습니다. 나는 그 의욕이 생겼습니다. 나는 당신이 가르쳐 주신 셀프 스타터인, '곧 달려들어라' 하는 말을 생각해 냈습니다. 나

▶ 자기 암시:

는 고객이 카드를 꺼내어 10명의 계약 불능이었던 고객을 분석해 보았습니다. 나는 그전이었다면 그런 일을 하기가 도저히 불가능하다고 생각되는 준비를 갖추었습니다. 그리고 나는 '곧 달려들어라' 하는 셀프 스타터를 몇 번 되풀이했던 것입니다. 그러고 나서 나는 적극적인 마음가짐으로 이 10명의 고객을 방문했으며, 마침내 여덟 건의 큰 세일즈를 했습니다. 적극적 사고가 그 힘을 이용하는 세일즈맨에게 해 주는 일은, 과연 놀랄 만한 것이었습니다."

이스트는 동기 부여에 관한 이야기를 들었을 때 이미 준비가 되어 있었던 것이다. 그리하여 그는 찾고 있었던 것을 발견했던 것이었다.

15. 당신은 비즈니스와 레저를 동시에 매수할 수가 있다

거듭 말하는 것이지만, 필자도 당신에게 '곧 달려들어라' 는 셀프 스타터를 배우라고 하고 싶다. 즉각 실행하는 결심을 함으로써 가장 엉뚱한 꿈마저 실현되는 일

적극적 사고가 그 힘을 이용하는 세일즈맨에게 해 주는 일은, 과연 놀랄 만한 것이었습니다.

▶ 실천 사항:

이 곧잘 있다.

먼레이 스위지의 경우가 그러했다. 먼레이는 낚시질과 사냥을 좋아했다. 그가 꿈꾸고 있는 멋진 생활이란 라이플을 갖고 숲 속을 50마일이나 헤치고 들어가, 이삼 일 후면 기진맥진하여 흙투성이가 되며, 그러면서도 아주 행복한 기분으로 돌아오는 일이었다.

그의 도락에 관해서 유일한 난점은, 그것이 보험 세일즈맨으로서의 그의 직업에서 너무나도 많은 시간을 차지한다는 것이었다.

어느 날 그가 마음에 드는 호수를 등지고 회사가 있는 도시로 돌아오려고 했을 때 먼레이에게 어떤 엉뚱한 아이디어가 떠올랐다.

'어딘가 황야 가운데 보험을 필요로 하는 사람들이 살고 있지 않을까? 그렇다면 일을 할 수 있으면서도 동시에 야회 생활을 즐길 수가 있지 않겠는가!'

그리하여 실제로 먼레이는 이와 같은 사람들의 그룹이 존재하고 있다는 것을 발견했던 것이다. 그것은 알래스카 철도에서 일하고 있는 사람들이었다. 이 사람들은 5백 마일에 걸친 철도를 따라 흩어진 집에 살고 있었다. 만일 이와 같은 철도원, 그리고 그 철로 연변에 있는 사냥꾼이나 금광의 갱부 등에게 보험을 가입시킬 수가 있다면 얼마나 좋겠는가!

▶ 자기 암시:

이 아이디어가 떠오른 그 날, 먼레이는 적극적인 계획을 세우기 시작했다. 그는 여행 안내소와 의논하고 짐을 꾸렸다. 그는 숨돌릴 사이도 없이 일을 추진시켜, 의심스런 생각이 떠오르거나, 이 아이디어가 엉성하기 때문에 실패할지도 모른다는 두려움이 끼어들 여지를 봉쇄해 버렸다. 그 아이디어의 결점을 찾아내는 대신 그는 성큼 알래스카를 향해 출발부터 했던 것이다.

그는 철길을 따라 몇 번이고 몇 번이고 걸었다. '걸어 다니는 스위지'라고 별명이 붙은 그가, 이들 도시와 멀리 떨어진 가족들에게 환영받는 인물이 되었다는 것은, 이제까지 아무도 돌아보지 않았던 그들을 보험에 가입시켜 주었을 뿐 아니라, 그가 바로 외부 세계의 대표자였기 때문이다.

그는 그외의 서비스도 했다. 머리 깎는 기술을 배워 무료로 깎아 주었던 것이다. 그는 또 요리 기술로 크게 환영받았다. 그리고 그 동안에도 그는 또 한쪽의 해야만 할 일을 어김없이 실행했던 것이다. 그는 언덕을 넘어 사냥을 하고, 낚시질을 하고, 그의 표현에 따른다면 스위지식의 삶을 마음껏 즐겼다.

생명보험업계에는 연간 백만 달러 이상의 계약고를 올린 사람에게 주는 명예가 있다. 그것은 백만 달러 클라스라고 부르는 것인데, 먼레이가 불과 1년 만에 이

▶ 실천 사항:

그는 숨돌릴 사이도 없이 일을 추진시켜, 의심스런 생각이 떠오르거나, 이 아이디어가 엉성하기 때문에 실패할지도 모른다는 두려움이 끼어들 여지를 봉쇄해 버렸다.

업적을 올렸던 것이다. 충동적으로 행동하여 알래스카의 황야에 뛰어들었으며, 아무도 거들떠보지 않았던 철길을 따라 걸어다니며, 이 영광을 차지한 것이었다. 자기의 하고 싶은 일을 마음껏 해가면서 말이다!

16. 당신 자신에게 편지를 써라

다시 강조하건대, '곧 달려들어라' 하는 셀프 스타터를 잘 기억해 두라.

'곧 달려들어라' 라는 것을 당신의 인생 어떠한 면에도 영향을 줄 수가 있다. 그것은 당신이 해야 할 일이나, 웬지 하고 싶지 않은 일을 하는 것을 도울 수가 있다. 또한 그것은 별로 마음 내키지 않는 의무에 직면하여 당신이 우물쭈물하는 것을 막아준다.

그리고 그것은 먼레이 스위지가 한 것처럼 당신이 하고 싶다고 생각하는 일을 하는 데 도움을 주기도 한다. 그것은 한 번 잃게 되면 두 번 다시 만날 수 없는 듯한 귀중한 순간을 포착하는 데 도움이 된다.

곧 착수하는 데 있어 도움이 되는 하나의 아이디어가

곧 달려들어라'
라는 것을
당신의 인생
어떠한 면에도
영향을 줄
수가 있다.

▶ 자기 암시 :

있다. 책상 앞에 앉아 당신 자신에게 편지를 쓰고, 당신이 언제나 하려고 마음먹었던 일을 이제 하기나 한 것처럼 알리는 것이다. 전기 작가가 뛰어난 사람의 업적에 대해 쓰는 듯한 태도로 편지를 쓰라는 말이다. 그러나 거기에 머물러 있어서는 안 된다. 무엇인가를 이룩하는 비결을 사용해야 한다. '곧 달려들어라' 라고 하는 셀프 스타터에게 답하는 것이다.

'곧 달려들어라' 하는 셀프 스타터는 자기 자신에게 동기를 부여하는 중요한 말이다. 그것은 다음에 설명할 당신 자신에게 동기 부여하는 법을 이해하는 중요한 스텝이기도 하다.

17. 희망이 마법의 성분이다

동기 부여란 무엇일까?

동기 부여란 행동시키는 것, 혹은 선택토록 하여 결심케 하는 것을 말한다. 그것은 쉽게 말해서 '동기를 주는 것' 이기도 하다. 동기란 생각이라든가, 감정이라든가, 욕망이라든가, 충동과 같은 그 사람을 행동하도

▶ 실천 사항:

록 자극하는 사람의 내부에만 있는 내부의 자극이다.

그것은 특정한 결과를 낳는 시도를 향해 행동을 일으키게 하는 희망인 동시에, 그 밖의 힘이기도 하다.

당신이 스스로에게 동기 부여하는 원칙을 알게 되면 타인에게 동기 부여하는 원칙도 알 수 있게 된다. 반대로 타인에게 동기 부여하는 원칙을 알면 당신에게 동기 부여할 수 있는 원칙도 알게 된다.

사람들의 성공이나 실패의 여러 가지 경험을 풀이하는 이 책의 목적 역시 바람직한 행동으로 스타트할 수 있도록 당신에게 동기 부여하는 데 있는 것이다.

적극적 사고로 당신 자신에게 동기 부여한다면, 당신은 당신이 사고를 지도하고, 당신의 감정을 콘트롤하고, 당신의 운명을 결정할 수 있다.

수년 전의 일인데, 성공한 화장품 제조업자였던 한 사나이가 65세로 은퇴를 하였다. 그 뒤 매년 그의 친구들은 탄생 축하 파티를 열어주고 있었는데, 언제나 그들은 그의 성공 방식을 공개해 달라고 그에게 졸랐다. 그럴 적마다 그는 완곡하게 거절하곤 했으나, 그의 나이 75세가 되는 생일날, 친구들은 농담삼아 반은 진지하게 다시 한 번 그 성공의 비결을 밝혀 달라고 부탁했던 것이다.

"이제까지 꽤나 여러분들의 신세를 졌으니만큼 이야

▶ 자기 암시:

기해 드리지요.”

그는 마침내 승낙했다.

“알고 계실지 모르지만, 다른 화장품업을 하고 있는 방식 외에 나는 한 가지 마법의 성분을 덧붙였던 것입니다.”

“마법의 성분이라니요?”

“나는 우리 회사의 화장품이 그녀들을 아름답게 만든다고 여성들에게 결코 말하지 않습니다. 그러나 나는 그녀들에게 언제나 희망을 주도록 하지요.”

희망이 마법의 성분이었던 것이다! 희망이란, 원하는 것이 얻어진다는 기대와 그것이 입수될 것이라는 신념을 동반한 욕망이다. 인간이라는 것은 그에게 있어 탐나는 것, 믿는 것, 도달할 수 있는 것에 의식적으로 반응되는 법이다.

그리하여 사람은 또 주위로부터의 암시, 자기 암시, 자동 암시 등에 의해 그 잠재 의식의 힘이 해방될 때에는 행동을 낳는 내부 충동에도 무의식적으로 반응한다. 말을 바꾼다면 동기 부여하는 요인에는 여러 가지 형태와 정도가 있는 것이다.

어느 결과이건 일정한 원인, 즉 당신의 동기가 가져다주는 결과인 것이다.

이를테면 희망은 예의 화장품 제조업자에게 유리한

희망이 마법의 성분이었던 것이다! 희망이란, 원하는 것이 얻어진다는 기대와 그것이 입수될 것이라는 신념을 동반한 욕망이다.

▶ 실천 사항:

비즈니스를 쌓아올리는 동기 부여를 했던 것인데, 그것은 또 여성들로 하여금 그의 화장품을 사도록 동기 부여를 하기도 했던 것이다.

18. 인간의 행동을 불러일으키는 열 가지 기본적 동기

당신이 생각하는 모든 생각, 또한 당신이 자발적으로 행하는 모든 행동은 어떤 특정한 동기, 혹은 여러 가지 동기가 결합해서 태어난다.

온갖 사고를 가지고 있는 인간에게는 온갖 자발적 행동을 불러일으키는 열 가지 기본적 동기가 있다. 그것을 하도록 하는 동기를 부여하지 않고 무슨 일인가 할 수 있는 사람은 하나도 없다.

자기 자신에게 동기 부여하는 방법, 또는 타인에게 동기 부여하는 방법을 배우기 위해서는 이 열 가지 기본적 동기를 꼭 이해하지 않으면 안 된다. 그것은 다음과 같은 것이다.

당신이 생각하는 모든 생각, 또한 당신이 자발적으로 행하는 모든 행동은 어떤 특정한 동기, 혹은 여러 가지 동기가 결합해서 태어난다.

▶ 자기 암시:

① 자기 보존의 욕망

② 사랑의 감정

③ 공포의 감정

④ 섹스의 감정

⑤ 사후 인생에 대한 욕망

⑥ 심신의 자유에 대한 욕망

⑦ 노여움의 감정

⑧ 미워하는 감정

⑨ 인정받고 싶다는 것과 자기 표현의 욕망

⑩ 물질적 이득에 대한 욕망

인간은 외부의 힘의 영향에 의해 강제되기 전에, 의식하는 마음의 활동에 의해 내부로부터 그 감정을 자발적으로 콘트롤할 수 있는 동물계 중의 유일한 존재이다. 그러므로 인간만이 감정 반응의 습관을 임의로 바꿀 수 있는 것이다. 당신이 보다 문명 개화되면 그만큼 보다 용이하게 당신은 당신의 감정을 콘트롤할 수 있는 것이다.

감정은 이성과 행동의 짝지음에 의해 콘트롤된다. 공포가 아무런 이유도 없는 것이고, 유해로운 것일 경우에는 그것을 소거할 수 있는데, 또 소거되지 않으면 안된다.

▶ 실천 사항:

인간은 외부의
힘의 영향에 의해
강제되기 전에,
의식하는
마음의 활동에 의해
내부로부터
그 감정을
자발적으로
콘트롤할 수 있는
동물계 중의
유일한 존재이다.

그럼 어떻게 소거해야 하는가?

당신의 감정은 항상 이성의 직접적 대상은 아니지만, 그런데도 불구하고 그것은 행동의 대상인 것이다. 왜냐하면 당신은 소극적인 감정의 불필요함을 이성으로써 이해할 수 있고, 그렇게 함으로써 자기 자신을 행동하도록 동기 부여할 수가 있다. 또 당신은 공포감 대신 적극적인 감정을 품을 수도 있다.

그 효과적인 방식의 하나는, 당신이 이렇게 되고 싶다는 생각하는 것을 나타내는 한마디의 신조로서 자기 암시를 한다. 말하자면 자기에게 명령하는 것이다. 이를테면 당신이 만일 무엇인가를 겁내고 있으며, 좀더 용기를 갖고 싶다고 생각한다면, 용기를 가져라 하는 말을 재빨리 몇 번 되풀이하란 뜻이다. 그리고 행동으로써 그것을 보충하는 것이다. 용기 있는 사람이 되고 싶다면 용감하게 행동하라는 것이다.

19. 성공할 수 있는 성공의 공식

당신은 《프랭클린 자서전》을 읽어본 일이 있는가? 그

▶ 자기 암시:

자서전에서 프랭클린은 이 세상에서 가장 중효한 사람이 당신을 도우려고 했던 것처럼, 벤자민 프랭클린을 도우려고 노력했던 일이, 다음과 같이 말하고 있다.

"나는 이런 덕을 전부 몸에 지니려고 마음먹었으나, 그것을 전부 한꺼번에 몸에 지니려 함으로써 주의를 산만케 해 버리기보다는, 한 번에 한 가지 덕만을 단단히 몸에 지니려는 편이 현명하다고 판단했습니다. 열세 가지의 덕을 전부 몸에 지닐 때까지 하나하나 그것들을 몸에 지녀가는 것입니다. 그리고 나는 그 하나를 몸에 지님으로써 다른 것을 몸에 지니기 쉽도록 그와 같은 관점에서 그 덕을 배치했던 것입니다."

프랭클린이 들은 이러한 덕의 이름을 그가 저마다에게 준 교훈, 즉 자기 암시를 위한 자기 동기 부여를 하는 것과 함께 소개한다면 다음과 같다.

① 절제—몸이 나른해질 정도로 먹지 않는다. 취하도록 마시지 않는다.

② 침묵—쓸데없는 대화는 피한다.

③ 질서—물건은 놓아야 할 곳에 놓고, 해야 할 일은 해야 할 때에 한다.

④ 결의—해야 할 일은 완수할 결의를 갖는다. 결의한 일은 어김없이 실행한다.

한 번에 한 가지 덕만을 단단히 몸에 지니려는 편이 현명하다고 판단했습니다.

▶ 실천 사항:

⑤ 검약—남이나 자기에 대해서 좋은 일을 할 경우 말고는 비용을 쓰지 않는다. 즉, 낭비를 하지 않는다.

⑥ 근면—시간을 헛되이하지 않는다. 항상 무엇인가 유익한 일을 한다. 불필요한 일은 모두 하지 않는다.

⑦ 성실—해로운 책략은 사용치 않는다. 바르고 깨끗한 생각을 갖는다. 이야기할 경우도 그와 같이 이야기한다.

⑧ 정의—무도한 행위를 한다든가, 당신의 의무를 게을리함으로써 남을 해치지 않는다.

⑨ 요건—극단한 것은 피한다.

⑩ 청결—신체 · 의복 · 주거의 불결을 허락하지 않는다.

⑪ 평온—어떠한 것이든 사소한 일이라든가, 우연한 일에도 평정을 잃지 않는다.

⑫ 순결—건강과 자손을 위한 길이 아니면 좀처럼 색에 탐닉하지 않는다.

⑬ 겸손—그리스도와 소크라테스를 본받는다.

프랭클린은 계속해서 다음과 같이 쓰고 있다.

'그리고 매일 검사가 필요하다고 생각되었으므로, 그 검사를 실행하기 위해 나는 다음과 같은 방법을 생각해 냈습니다. 나는 한 권의 작은 수첩을 만들고, 그 속에

시간을 헛되이 하지 않는다. 항상 무엇인가 유익한 일을 한다. 불필요한 일은 모두 하지 않는다.

▶ 자기 암시:

각각 덕의 페이지를 할당했습니다. 나는 그것이 일곱 개의 세로 난을 갖도록 각 페이지에 붉은 잉크로 선을 그었습니다. 그리하여 그 난에 일일이 요일을 적어 넣었습니다. 가로 난은 13개로 나누고, 13개의 덕을 각 난에 기입했습니다. 그리고 검사 결과 그 덕을 내가 지키지 않았다는 것이 판명된다면 해당란에 작은 표시를 하기로 했던 것이지요.'

20. 성공의 공식을 응용하는 방법

그럼 이번에는 성공의 공식을 응용하는 방법을 알아보기로 하자. 당신의 지식 사용법은 다음과 같이 행동함으로써 이루어지는 것이다.

1) 꼬박 1주일 동안 한 가지 원칙에 정신을 집중한다. 기회가 있다면 언제라도 바른 행동으로 대답하도록 한다.

2) 그리고 제2주는 제2의 원칙, 혹은 제2의 덕으로

나는 한 권의 작은 수첩을 만들고, 그 속에 각각 덕의 페이지를 할당했습니다.

▶ 실천 사항:

옮긴다. 그리하여 제1의 원칙은 잠재 의식에 맡겨 버린다. 매주 한 시간에 한 원칙을 대상으로 정신을 집중하고, 다른 것은 잠재 의식 속에 확립된 습관의 실행에 맡겨 둔다.

3) 이것이 한 차례 끝나면 다시 처음부터 반복한다. 이와 같이 1년을 계속하면 당신은 모든 과정을 네 번 반복하는 셈이 된다.

4) 자기의 몸에 지니고 싶다고 생각한 특성이 몸에 배었다면, 더욱 발전하고 싶다고 생각하는 새로운 덕이라든가, 태도라든가, 활동 따위를 위해 사용한 방식을 읽은 셈인데, 이 책의 독자인 당신으로서는 프랭클린의 원칙을 배우고, 그 원칙에 적응하는 방법을 아는 일이 현명할 것이다.

만일 당신이 당신 자신의 계획을 실천하려고 하는 데 어떠한 원칙부터 시작해야 좋을지 모른다면 벤자민 프랭클린이 사용한 열세 가지 덕부터 시작해도 좋다.

그런데 필자는 인간의 기본적 동기에 관해 풀이한 바 있지만 여기서 다시 한 번 그것을 반복하겠다.

우선 첫째가 자기 보존의 욕망, 그리고 사랑 · 공포 ·

매주 한 시간에 한 원칙을 대상으로 정신을 집중하고, 다른 것은 잠재 의식 속에 확립된 습관의 실행에 맡겨 둔다.

▶ 자기 암시:

섹스의 감정, 사후의 세계에 대한 욕망, 육체와 정신의 자유로 이어진다. 그 다음은 노여움과 미움의 감정, 다음이 인정되는 일과 자기 표현의 욕망, 그리고 마지막이 물질적 부에 대한 욕망이었다.

다음에 있어서는 이 같은 동기의 하나 혹은 그 몇 개인가의 결합이 얼마나 사람에게 동기 부여하게 되는지 당신은 많은 것을 배우게 될 것이다.

즉, 효과적인 방법으로 그렇게 하고 싶다는 방향으로 사람에게 동기 부여하는 방법을 아는 일이 중요하다. 당신은 살아 있는 한 당신이 사람들에게 동기 부여하고, 그들이 또 당신에게 동기 부여한다는 이중의 역할을 담당하고 있는 것이다. 어버이와 자식, 선생과 학생, 세일즈맨과 고객, 주인과 하인 등 당신은 이 같은 경우의 모든 역할을 담당하게 된다.

21. 신뢰에 의한 동기 부여

두 살 반짜리 어린이가 크리스마스에 차린 음식을 잔뜩 먹은 뒤 아버지와 함께 걷고 있었다. 그들이 1백 미

우선 첫째가 자기 보존의 욕망, 그리고 사랑 · 공포 · 섹스의 감정, 사후의 세계에 대한 욕망, 육체와 정신의 자유로 이어진다.

▶ 실천 사항:

터쯤 걸어갔을 때 어린이는 걸음을 멈추고 미소를 지으며 아버지를 올려다 보더니,

"아빠……."

하고 부르며 말끝을 흐렸다.

아버지는,

"왜 그러니?"

하고 물었다. 어린이는 1초인가 2초 사이를 두었다가 이렇게 말을 이었다.

"아빠, 만일 아빠가 '업혀' 하고 말한다면 업혀도 좋아?"

이와 같은 동기 부여에 누가 싫다고 할 수 있겠는가? 이렇듯 철부지 어린이라도 어버이를 행동하도록 동기 부여를 할 수 있는 것이다.

물론 어버이가 어린이에게 동기 부여를 할 수도 있다. 젊은이에게 신뢰감을 갖는 일은 그에게 자기에 대한 자신감을 심어 주게 된다. 어린이가 자기는 잘 할 수 있을 테지 하는 따뜻하고도 굳건한 신뢰에 쌓여 있다고 생각할 때에는, 사실 생각하고 있는 이상으로 잘 할 수 있는 법이다.

그렇게 되면 그의 방어는 허술해지고, 방어 자세는 내려간다. 그는 실패의 손실에서 자기를 지키기 위해 감정의 에너지를 낭비하는 것을 그만둔다. 그리하여 그

철부지
어린이라도
어버이를
행동하도록
동기 부여를
할 수 있는
것이다.

▶ 자기 암시:

대신 성공의 보수를 손에 넣기 위하여 에너지를 사용하게 된다. 그는 기분이 차분해진다. 신뢰는 그의 능력에 적당한 효과를 미치게 되고, 그의 속의 최선의 것을 끌어내게 되는 것이다.

그러므로 당신도 그들에게 신뢰를 가짐으로써 사람들에게 동기 부여를 할 수가 있을 것이다. 신뢰는 정확히 말한다면 적극적인 것이지 소극적인 것은 아니다. 소극적인 신뢰는 이미 힘이 아니며, 멍하게 보는 것이 관찰이 아닐 것과 마찬가지이다.

당신이 그들에게 신뢰를 가짐으로써 사람들에게 동기 부여를 하려고 한다면 적극적인 신뢰를 갖지 않으면 안 된다. 당신의 신뢰를 상대편에게 전하지 않으면 안 된다.

"나는 당신이 이 일에 성공해 가고 있다는 것을 알고 있습니다. 그러므로 나는 감히 이렇게 말하는 것입니다. 우리들은 여기서 당신을 지켜보고 있습니다."

이렇게 말하지 않으면 안 된다.

당신이 이와 같은 신뢰를 남에게 대해서 갖는다면 그 사람은 반드시 성공할 것이다. 그런데 신뢰는 편지로 표현할 수도 있다. 사실 편지는 사람의 생각을 설명하고 타인에게 동기 부여를 하는 데 있어 뛰어난 도구인 것이다.

▶ 실천 사항:

신뢰는 그의
능력에 적당한
효과를 미치게 되고,
그의 속의
최선의 것을
끌어내게
되는 것이다.

편지를 쓰는 사람은 누구라도 암시에 의해 그것을 받는 사람의 잠재 의식에 작용을 할 수 가 있다. 물론 이 암시의 힘은 몇 가지 요소에 의해 좌우되긴 하지만 말이다.

이를테면 세일즈 매니저인 경우라도 아랫사람인 세일즈맨에게 적절한 편지를 씀으로써 이제까지의 모든 판매 기록을 깨도록 동기 부여를 할 수가 있다. 마찬가지로 자기의 세일즈 매니저에게 편지를 쓰는 세일즈맨은 이 동기 부여의 수단을 자기에게 유리하도록 사용할 수가 있는 것이다.

22. 실질적인 예에 의한 동기 부여

그런데 신뢰는 편지로 표현할 수도 있다. 사실 편지는 사람의 생각을 설명하고 타인에게 동기 부여를 하는 데 있어 뛰어난 도구인 것이다.

노련한 세일즈 매니저는 세일즈맨에게 동기 부여하는 가장 효과적인 방법의 하나가 바로 제일선에서 그 사나이와 함께 일하며 실례를 제시해 주는 것이라고 알고 있다.

클레먼트 스톤은 자기가 아이오와 주의 시옥스 시에 살고 있는 어떤 세일즈맨을 여하히 훈련시켰는가 하는

▶ 자기 암시:

이야기를 하여 많은 사람들에게 용기를 북돋아준 사람
이지만, 그의 이야기를 다음과 같이 실어 보겠다.

　나는 시옥스 시에 있는 세일즈맨 한 사람의 불평을
들어보았다. 그는 시옥스 시의 시가지에서 꼬박 이틀
동안 열심히 일했지만, 하나도 팔 수 없었다고 하는 것
이었다. 나는,
　"그럼 내일 자네가 이틀 동안 걸려서 하나도 팔리지
않았던 그 시가지에서 팔아보세."
　하고 제안했다. 그리하여 다음 날 아침 자동차를 타
고 시옥스 시의 시가지로 갔다. 나는 거기서 적극적 사
고를 몸에 지니며, 우리 회사의 방식을 신뢰하고, 그것
을 활용하는 세일즈맨이라면 비록 어떠한 장해가 있을
지라도 팔 수가 있는 법이라는 것을 실증해 보이려고
했던 것이다. 그 세일즈맨이 차를 운전하고 있는 동안
나는 긴장을 풀고서 눈을 감고 명상하며 정신을 조절했
다. 나는 그들에게 왜 팔 수 없느냐 하는 것보다도, 왜
팔 수 있느냐 하는 이유를 내내 생각했다.
　시옥스 시의 중심지에 이르렀을 때 우리들은 은행을
방문했다. 거기에는 부사장과 출납계와 예금계가 있었
으나, 20분이 지나는 동안 부사장은 우리 회사에서 가
장 팔고 싶다고 생각하는 상해 보험에 가입해 주었다.

노련한 세일즈
매니저는
세일즈맨에게
동기 부여하는
가장 효과적인
방법의 하나가
바로 제일선에서
그 사나이와 함께
일하며 실례를
제시해 주는
것이라고 알고 있다.

▶ 실천 사항:

출납계도 같은 보험에 들었다. 그러나 예금계만은 막무가내로 들어주지 않는 것이었다.

그리하여 이것을 시초로 우리들은 가게에서 가게로, 사무실에서 사무실로 조직적으로 가가 방문을 시작했다. 우리들은 어디를 가나 모든 사람과 면접했다.

그런데 여기서 놀랄 만한 일이 생겼다. 그 날 우리들이 방문한 모든 사람들이, 우리들이 가장 팔고 싶다 생각하고 있었던 보험에 가입해 주었던 것이다. 하나의 예외도 없었다. 돌아오는 차 안에서 나는 나를 도와준 신의 힘에 감사했다.

그런데 나는 어째서 다른 사람이 실패한 같은 지역에서의 판매에 성공했을까? 사실 나는 다른 사람이 그 때문에 실패를 경험한 것을, 똑같은 이유로 성공을 경험했던 것이다. 그 밖의 어떤 것을 제외한다면 말이다

앞서 그는 그들이 네덜란드계 이민으로서 배타적이기 때문에 살 것이라는 생각이었다. 이것은 적극적인 마음가짐이었다.

그 밖에 어떤 것이란, 이와 같은 적극적인 마음가짐과 소극적인 마음가짐의 서로 다른 점이었다. 게다가 나는 신의 이끌어 주심과 도움을 구했다. 그것뿐 아니라, 나는 그가 받고 있다는 것을 믿었다.

나는 그들에게 왜 팔 수 없느냐 하는 것보다도, 왜 팔 수 있느냐 하는 이유를 내내 생각했다.

▶ 자기 암시:

이 이이야기는 실례에 의해 타인에게 동기 부여하는 데 대한 가치를 설명하고 있다.

23. 책에 의한 동기 부여

사람에게 동기 부여하는 데는 여러 가지 방식이 있지만, 가장 효과적인 방법은 사람을 분발시키는 책에 의한 방법이다.

가령 판매에 성공하는 가장 중요한 요인은 그 중요성의 차례로 열거한다면 다음과 같다.

첫째, 동기 부여인 인스피레이션(영감). 둘째, 판매 기술이라고 이름 지어져 있는 특정된 제품이라든가, 서어비스를 팔기 위한 지식. 셋째, 제품 또는 서비스 자체의 지식. 이 세 가지의 같은 원리가 어떤 일이라든가 직업에 성공하는데도 사용되는 것 등이다.

당신은 앞장에서 그 세일즈맨이 기술 판매의 지식과 자기가 팔고 있는 서비스의 지식을 가지고 있었다는 것을 알았을 것이다. 그러나 그에게는 가장 중요한 성분인 동기 부여에서의 인스피레이션이 결여되어 있었던

사람에게 동기 부여하는 데는 여러 가지 방식이 있지만, 가장 효과적인 방법은 사람을 분발시키는 책에 의한 방법이다.

▶ 실천 사항:

것이다.

1937년, 잘 알려진 판매 간부이고 판매의 콘설테트리이기도 한 모리스 파카스가 《생각하라, 그러면 부자가 된다》라는 책을 클레먼트 스톤에게 주었었다, 그로부터 스톤은 세일즈맨에게 동기 부여인 인스피레이션을 주기 위하여 여러 층의 사람을 발분시키는 책을 이용해 왔다.

그는 인스피레이션과 열중이 판매 조직이 생명임을 잘 알고 있었던 것이다.

24. 타인에게 동기 부여

이 책을 읽고 있는 사이 당신은 자기 암시와 자동 암시의 중요성을 알았을 것이다. 스톤은 이 지식을 이용하여 타인에게 동기 부여하는 기교에 있어서의 일대 발견을 하였다.

당신 자신이나 타인에게 동기를 부여하는 데 있어 도움이 되는 이 간단한 기교는 자기 암시와 자동 암시의 이용에 기초를 두고 있다. 구체적으로 풀이한다면 다음

그는
인스피레이션과
열중이 판매
조직이 생명임을
잘 알고
있었던 것이다.

▶ 자기 암시:

과 같다.

1)이를테면 이 곳에 소심한 세일즈맨이 있고, 그가 하는 일이 적극성을 필요로 하는 것이라고 하자.

첫째, 세일즈 매니저는 소심이 자연스런 현상임을 이성적으로 납득시켜 준다. 그러고 나서 다른 사람이 소심을 극복한 사실을 예를 들어가며 증명한다. 그리고 다음에 그가 그렇게 되고 싶다고 생각하는 것을 상징하는 듯한 자기 동기 부여의 말을 자주 되풀이하도록 그 세일즈맨에게 권한다.

둘째, 이 경우에는 그 세일즈맨이 다음의 말을 매일 아침, 그리고 낮 시간에도 자주 재빨리 되풀이하게 한다. '적극적이 되어라. 적극적이 되어라!' 행동하는 일이 필요한 특수한 상황 아래 주저감에 사로잡혔을 때에는 특히 이것이 필요하다.

그리하여 이와 같은 경우에는 '곧 달려들어라' 하는 셀프 스타터를 사용해야 한다.

2)세일즈 매니저가 부하 중에서 거짓말쟁이나 정직하지 못한 자를 발견했을 때에는 그것을 교정하는 데 있어 다음과 같은 방법을 쓴다.

첫째, 세일즈 메니저는 다른 사람이 이와 같은 어려

그가 그렇게
되고 싶다고
생각하는 것을
상징하는 듯한
자기 동기 부여의
말을 자주
되풀이하도록
그 세일즈맨에게
권한다.

▶ 실천 사항:

운 문제를 어떻게 하여 해결했는지 이야기해 준다. 그리고 그 세일즈맨에게 사람을 감동시키는 책이나 논문이나 시를 준다. 혹은 성서의 일절을 추천한다.

둘째, 그리고 이 경우에도 1)의 둘째에서 풀이한 것처럼 세일즈맨은 매일 아침뿐 아니라, 낮에도 자주 반복하며 '적극적이 되어라. 적극적이 되어라!' 하고 재빨리 뇌까리는 것이다. 거짓말을 하려 하고 있을 때라든가, 남을 속이려 하고 있을 때 등은 특히 그렇게 하는 것이 필요하다. '곧 달려들어라' 하는 셀프 스타터와 '진실에 직면할 용기를 가져라' 하는 자기 동기 부여를 병용하라는 것이다.

이 방식은 이제까지 수없이 설명해 왔기 때문에 당신은 쉽사리 이해하고도 남을 것이다.

그럼 바야흐로 당신은 자기 자신과 남에게 동기 부여하는 방법을 알았으니만큼, 그것은 치부의 열쇠를 인수받을 준비가 되었다는 것을 의미한다.

▶ 자기 암시:

제7장

좀더 빠르게 꿈을 실현하기 위한 방법

1. 출세하기 위한 여섯 가지 스텝

첫째 스텝

당신이 잘못되었을 때는 그것을 빨리 인정하라. 그렇게 함으로써 당신은 상대방이 '바르다'는 것을 인정해 주게 되고, 그것이 또 적을 없애고 친구들 만드는 데 강력하고 좋은 책략이 된다. 재빨리 이렇게 말한다.

"내가 잘못되어 있는 게 틀림없습니다."

▶ 실천 사항:

그리고 곧 이렇게 인정한다.

"이것은 내가 잘못되어 있는 것으로 생각합니다."

그렇게 함으로써 당신은 상대방이 옳다는 것을 인정해 주게 된다. 그리고 그것은 사람들 사이에서 지도성을 갖는 방법이기도 하다.

둘째 스텝

"나는 당신을 의지하고 있습니다."

남을 기분좋게 하고 싶다면, 그리고 거기서 자기를 위해 무언가를 얻으려고 한다면 이렇게 말하는 것이다.

"나는 당신을 의지하고 있습니다."

셋째 스텝

"사람들에게 자극을 주십시오."

약간의 자극이 될 만한 것을 제공한다. 어린이라면 캔디, 아들이라면 자동차, 어머니라면 레스트랑에서의 식사, 그리고 불쌍한 노인이라면 무언가를.

당신의 주변에 있는 노동자들에게 더 잘 일하게 하는, 즉 당신을 더 좋아하게 하는 자극을 주는 것이다. 비록 그것이 단 한 잔의 커피일지라도, 한 개피의 담배일지라도 말이다.

눈앞에 당근이 늘어뜨려 있다면 당나귀가 아니라고

남을 기분좋게 하고 싶다면, 그리고 거기서 자기를 위해 무언가를 얻으려고 한다면 이렇게 말하는 것이다. "나는 당신을 의지하고 있습니다."

▶ 자기 암시:

해도 빨리 걷는다.

넷째 스텝

"뒷맛이 좋은 생각을 하게 하십시오."

케네디 대통령은 그 자리가 아무리 거북한 경우이더
라도 받드시 미소를 띠우며 그 곳을 떠났던 모양이다.

맥아더는 이렇게 말했다.

"나는 이제 돌아가야 할 때이다."

라고, 그리고 그것을 실행했다.

세일즈를 하러 가서 제대로 팔리지 않을 때가 있어도
다소나마 친절한 감정만은 남겨놓고 돌아와야 한다. 무
뚝뚝하게,

"노!"

라는 말을 해선 안 된다.

"항상 또 들르겠습니다."

라든지,

"이 다음엔 부디……."

라든지,

"잘 부탁합니다."

라는 말을 남겨 놓고 와야 한다. 그것이 비즈니스이건,
사교이건, 당신의 방문에 친밀한 뒷맛을 남겨놓고 돌아
오는 것이다.

▶ 실천 사항:

세일즈를 하러
가서 제대로
팔리지 않을 때가
있어도 다소나마
친절한 감정만은
남겨놓고
돌아와야 한다.

다섯째 스텝

"다른 사람의 실수를 바로잡으려 하지 말고 도와주십시오."

상대방의 실수를 재빨리 지적하는 경우에도 노골적으로 그것이라고 지적하지 말고, 상대방이 실수를 바로잡는 것으로 도와주도록 하는 것이다.

"그것은 틀렸어!"

하고 외치거나 해선 안 된다. 그보다는 이런 방법을 써라.

"조금 도와 드리지요."

아니면,

"나는 그것을 이런 식으로 해 왔습니다만, 어떤 사람이 이런 편이 더 좋다고 하면서 내게 가르쳐 준 방법은 이렇습니다."

이것은 친구를 잃음이 없이 당신의 의향대로 일을 하는 훌륭한 방법이다.

여섯째 스탭

"상대방을 쉽게 하십시오."

상품에서 우정에 이르기까지 어떤 것이라도 그 판매가 성립하기 전에는 상대방을 먼저 마음 편히 쉽게 할 필요가 있다.

상대방의 실수를 재빨리 지적하는 경우에도 노골적으로 그것이라고 지적하지 말고, 상대방이 실수를 바로잡는 것으로 도와주도록 하는 것이다.

▶ 자기 암시:

파는 사람 가운데에는 온화한 분위기 속에서 점심을 같이함으로써 손님을 쉬게 하는 사람도 있는가 하면, 재미있는 이야기를 하거나, 상대방의 도락에 관심을 두거나, 거래 전에 10분쯤 의논하기 위해 일부러 반대 의견을 끄집어내는 사람도 있다.

웃음을 띠우는 것도 상대방을 마음 편하게 하며, 스스로 편히 앉는 것도 상대방을 쉬게 하는 것이 된다. 웃음도 쉬는 데는 크게 도움이 될 것이다.

인도의 캐시미르에 있는 유명한 상인 사브하나는 자기 상점의 쇼룸에서 이렇게 말하여 필자를, 그리고 다른 사람들도 마음 편히 쉬게 했다.

"나는 오늘은 도무지 팔 기분이 나지 않습니다. 다만 보일 뿐입니다."

마음을 편히 하고 있는 개는 재주를 가르치기도 쉽다는 말이 있지 않은가!

빈틈없는 방법을 기억하라!

당신은 이 여섯 가지 스텝을 소용이 되게 하려면 당신이 사람들의 리더가 될 수 있는 날도 머지않아 찾아올 것이 틀림없다,

리 장군은,

"이 전투에 패한 모든 책임은 나에게, 그리고 나에게

웃음을 띠우는 것도 상대방을 마음 편하게 하며, 스스로 편히 앉는 것도 상대방을 쉬게 하는 것이 된다.

▶ 실천 사항:

만 있다."

라고 말하여 피케트가 아니라 그가 나빴었다는 것을 즉시 인정했다.

체스터필드 경은 이렇게 말하고 있다.

"할 수 일이라면 다른 사람보다도 현명하게 될 일이다. 그러나 그들에게 그것을 결코 말해선 안 된다."

링컨은 가끔 이렇게 말했다.

"꿀 한 방울은 한 캘런의 쓴 즙보다도 훨씬 많은 파리를 잡을 수 있다."

라고, 그리고 자기의 이 말을 지킴으로써 사람들을 자기의 방식에 따르게 한 것이다.

당신도 역시 이와 같은 원칙에 의하여 사람들을 리드하고 그들을 자기 쪽으로 끌어들일 수 있다. 수완이 좋은 변호사는 언제나 이런 말을 사용하는 기지를 터득하고 있다.

"배심원 여러분, 부디 이 사실을 간과하지 않도록, 이 사실을 특히 주의하시기 바랍니다만."

이 말은 모욕하는 것이 아니라, 배심원에게 사실을 보이고 결단을 내림이 없이 그들의 표를 획득하는 빈틈없는 방법이다.

"항상 당기고 있는 활은 곧 끊어지지만, 줄을 느꾸어 놓으면 그것은 필요한 때에 도움이 된다."

> 꿀 한 방울은 한 캘런의 쓴 즙보다도 훨씬 많은 파리를 잡을 수 있다.

▶ 자기 암시:

2. 이기주의에 대한 일화

플턴 J.세인 사제와 같은 사람에게서 이기적이라든지, 이기주의라는 말은 300년쯤 전까지는 알려져 있지 않았다는 사실을 듣는 것은 꽤 흥미 있는 일이다.

과연 이기주의는 죄와 같을 만큼 낡은 것이다. 자기 일만 생각하는 것은 항상 죄였으나 이기주의(자기애)가 심리학자나 교사에 의하여 자기를 발전시키는 데 장애가 된다고 주목하게 된 것은 비교적 최근의 일이다.

자기 본위의 사람은 불필요한 에너지를 소모시키고 일도 제대로 되어 가지 않는다.

자기의 일만을 중요하게 여기고 있어서는 당신은 결코 마음 편할 때가 없을 것이라고 세인 사제는 훈계하고 있다. 자기 일만을 중히 여기면서, 더구나 마음이 편해서는 당신의 자아는 '너무나 좁다란 우리'라고 그는 말한다. 왜냐 하면 그것은 자기의 꼬리를 먹으려는 뱀과 같은 것이기 때문이다.

다른 사람에 대해서는 생각해 주는 경우에만 당신은 마음이 편할 수 있다. 나와 마찬가지로 인도에서 다음

자기 본위의
사람은 불필요한
에너지를
소모시키고 일도
제대로 되어
가지 않는다.

▶ 실천 사항:

과 같은 이야기를 들은 사람도 많이 있을 것이다. 브리메이어 박사가 이야기해 준 것이지마는, 옛 인도에 용수로를 잘 만드는 농부가 있었다. 첫해에 그가 끌어들인 용수는 이웃 논에도 넘치고 있었다. 덕택으로 이웃의 논에는 좋은 쌀을 거두었다.

그러고 나서 이 농부는,

"왜 나는 거기까지 물을 끌어들이지 않으면 안 되었을까?"

라고 후회했다. 그래서 다음 해에는 용수가 넘치는 것을 막기 위해 자기 밭 주변에 제방을 쌓았다. 그 결과 물은 막아졌지만, 그 덕택으로 그의 쌀은 썩고 말았다. 그의 땅은 수렁이 되어 버렸던 것이다.

이기주의를 극복함으로써 당신은 성공을 향한 올바른 궤도에 오를 수 있다. 당신이 다른 사람을 도울 때, 당신의 부를 나누어 줄 때, 자기가 이야기하는 것보다도 더 많이 들어줄 때, 당신은 성공으로의 길을 보다 빨리 나아가게 된다.

주는 것은 당신을 크게 느끼게 한다!

"내가 아니라 당신에 대하여 생각하라."

얻기 위해서는 주어야 한다. 다른 사람이 인생에 성공하는 것을 도우려면 당신은 자기가 다른 사람과 원만히 지내야 한다. 그것은 성공을 돕는 것도 된다.

이기주의를 극복함으로써 당신은 성공을 향한 올바른 궤도에 오를 수 있다.

▶ 자기 암시:

3. 친절을 베푸는 기술을 배워 익혀라

친절이라는 말은 '사람들에게 마음을 쓰고 있다'는 것을 의미하고 있다.

조지는 댈라스 시의 어슬래틱 클럽의 사환이다. 그는 라운드 테이블이라고 부르는 우리 클럽의 담당을 맡았다. 그는 이따금 소금을 잊는다. 설탕이 손에 미치지 않는 곳에 있으므로 깜박 잊기가 일쑤이지만, 친절을 잊는 일은 결코 없었다.

우리들의 테이블에는 비숍이라고 불리는 '수령'이 있었다. 그는 J.W.브란튼이라는 사람인데, 이제 백 살이 가까웠는 데도 불구하고 식사에 고기를 빠뜨리는 일은 좀처럼 없었다.

그가 식당을 가로질러 테이블에 가까이 가면 조지는 그를 위해 자리를 마련하여 준다. 브란튼이 일어서려고 하면 조지는 그의 지팡이를 집어주고 엘리베이터까지 데려다준다. 층계에서는 사환 두 사람이 조지의 부탁을 받고 도어가 있는 곳까지는 물론이고 사람들이 많이 지나다니는 거리를 지나 그의 사무실까지 데려다준다.

▶ 실천 사항:

이것이 친절이라는 것이다!

"친절은 힘으로 명령하지도, 돈으로 살 수도 없는 유일한 서비스이다."

라고 고대 세르비아의 격언에 있다. 조지는 이 격언을 읽지는 않았지만, 그 원리는 본능적으로 알고 있었다. 그렇다면 이 친절에 대해 좀더 자세히 알아보자.

1) 동양 사람의 방법

'불끈 치미는 감정을 숨겨 귀중한 친구를 놓치지 않도록 하라.'

이것이 동양 사람의 방법이다. 비록 불쾌한 일이 있더라도(그것이 고의가 아닐 때에는 더욱 그렇지만) 그런 것으로 안색을 바꾸어서는 안 된다. 비록 표정으로라도 당신의 부주의로 인해 사람들을 상처 주지 않도록 조심하지 않으면 안 된다.

당신의 눈길을 바꾸는 것이다. 다른 사람의 결점을 보지 않도록 한다. 화제가 상대방을 불쾌하게 하는 것이라면 관계되지 않는 화제로 재빨리 바꾸어야 한다.

절뚝거리며 걷는 사람이나, 혀가 굳어서 말을 잘 할 수 없는 사람의 일을 이야기하는 것이 때로는 기분 전환이 되는 수도 있다. 하지만 이와 같은 결점은 보고도 못 본 체하는 편이 좋다. 관용 있는 태도를 취하라.

불끈 치미는
감정을 숨겨
귀중한 친구를
놓치지
않도록 하라.

▶ 자기 암시:

다른 사람이 말하려고 하는 것에 끼어드는 일이 아니다. 비록 당신이 그들이 찾고 있는 꼭 맞는 말을 알고 있다 하더라도 모르는 체하여 스스로 그 말을 찾아내는 기쁨을 그들에게 남겨 두어야 한다. 다시 강조하건대 친절하라.

2) 친절을 베푸는 방법

사람들이 타는 것을 도와주는 버스 운전사는 친절한 사람이다. 나이 많은 사람의 무거운 짐을 차까지 운반해 주는 식료품점의 점원은 친절한 점원이다.

친절을 베풀 기회가 있는지 어떤지 당신의 주위를 살펴보아야 한다. 당신의 밑에서 일하고 있는 사람, 당신에게 무언가를 팔려고 하는 사람들에 대해서는 특히 그렇다. 구매계원의 방에는 대부분 에어컨디션을 놓고 있다. 그리고 커피라든지, 청량 음료수가 갖추어져 있는 것이 상례이다.

일이 몹시 바쁠 때나 자리를 비웠을 때는 정중하게 늦어진 까닭을 설명한다. 그들이 친절한 것은 그렇게 하는 것이 그만큼 이익이 되기 때문이다.

'개는 가난뱅이한테도 편견을 갖지 않는다.' 라는 인도의 속담이 있다. 이것은 당신도 터득해 두어야 할 태도가 아닐까? 가난한 사람 앞에서 당신의 부를

친절을 베풀
기회가 있는지
어떤지 당신의
주위를
살펴보아야 한다.

▶ 실천 사항:

뽐내지 말아야 한다. 당신의 업적을 자만하는 게 아니다. 또한 다른 사람의 노력을 경시하는 것이 아니다. 이렇게 하는 것이 이 세상에서 성공하는 방법이다. 볼품없는 낡은 모자 그늘에 잘생긴 얼굴이 숨겨져 있는 수가 많다.

당신은 상대방의 일을 남몰래 살짝 이야기할 작정이었겠지만, 당신의 말은 그들의 귀에 뇌성처럼 들릴 것이다. 그러므로 남의 이야기를 할 때에는 잘 생각해 보고 해야 한다. 비록 작은 소리라 할지라도 남의 눈을 피해서는 말하지 말아야 한다. 왜냐 하면 상대방은 자기 뒤에서 당신이 무엇을 이야기하고 있는가 하고 의심을 품기 때문이다.

3) 랄루스 엘리크의 이야기

랄루스 엘리크 린드벌드는 친절을 자본으로 하여 여행업에 성공하고 있다. 그는 먼저 남의 말을 잘 들어주는 사람을 존중해 주지, 말 잘 하는 사람은 별로 문제로 삼고 있지 않다.

스토크 클럽의 이웃에 있는 그의 뉴욕의 사무실에는 여행하려는 남녀들이 수없이 밀려들고 있다. 그는 이러한 사람들에게 재빨리 그들의 욕망, 그들의 꿈을 말하게 하고 있다. 그는 주의 깊게 여행객들의 이야기를 들

▶ 자기 암시:

어 주고 있다. 한 마디 한 마디 진지하게 경청해 준다.

친절하게 함으로써 그는 '무일푼'에서 커다란 여행업을 쌓아 올린 것이다.

4) 토머스 쿠크의 이야기

토머스 쿠크 애드 선 회사의 디크 하틀레이도 친절하다는 말을 듣는 사람이다. 그와 미국 지점의 지점장인 E.오콘너 씨는 무례한 상대방에게도 친절을 잊지 않는 기술을 터득하고 있다.

이 두 사람의 훌륭한 제자인 랄리 미그리너도 역시 쿠크와 같은 예의바르고, 남의 이야기를 들어 주는 사람이다. 같은 여행사의 헐 웨스턴도 그렇다.

어느 종업원이나 토머스 쿠크의 사무실을 찾아온 사람들이 꿈을 이야기하는 것을 중단시키거나 하지는 않는다. 그들은 먼저 듣고, 그러고 나서 조언한다.

토머스 쿠크 자신의 이런 것을 생각해 냈다. 그 때까지는 여행자가 유럽을 일주하는 여행을 할 때, 유럽 안의 각 나라의 표를 별도로 사두지 않으면 안 된다는 절차였다. 쿠크는 각 철도 회사와 교섭하여 한 장의 차표로 유럽을 일주할 수 있게 한다는 아이디어를 설득한 것이다. 그들은 이 아이디어에 찬성했다.

여행 대리업으로서의 토머스 루크 회사는 이와 같이

그는 먼저
남의 말을 잘
들어주는 사람을
존중해 주지,
말 잘 하는 사람은
별로 문제로
삼고 있지 않다.

▶ 실천 사항:

하여 시작되었다.

비즈니스는 친절 위에 성립된다. 매리 위틀레이 몬테규가 말하고 있는 것처럼, 친절은 돈이 한 푼도 안들며, 무엇으로도 살 수 없다. 그것은 당신을 위해 사람들의 존경, 즉 그들의 호의와 그들의 축복을 살 수 있다.

5) 조그마한 앤의 이야기

네델란드 농촌에서의 이야기인데, 어느 때 앤 마틴이라는 소녀가 한스 하겐에게 미소를 지어 보였다. 앤은 한스가 못생겼기 때문에 다른 소년 소녀들이 언제나 그것을 웃음거리로 하고 있는 것을 알지 못했었다.

그러고 나서 어떤 일이 일어났을까? 한스가 죽었을 때, 앤에게 4만 달러라는 대금을 상속하였던 것이다. 유서에는 이렇게 씌어 있었다.

'다른 사람은 내가 거리를 걸을 때, 싫은 표정을 짓든지 모른 체하고 있었다. 그러나 앤은 어느 날 나를 만났을 때 상냥하게 웃어 주었다. 내 생애에서 그녀는 그렇게 해 준 유일한 사람이었다.'

이것은 유명한 이야기이다. 이것도 다른 사람에게 친절하게 했던 결과이다.

6) 친절에는 별로 힘이 들지 않는다

▶ 자기 암시:

친절을 베푸는 것은 그다지 힘이 드는 것이 아니다. 그러나 사람들에게 친절하게 해 주면 정신적인 만족이라는 보수가 얻어진다.

필자가 여러 나라를 여행하시면서 경험한 일인데, 예의 범절은 나라에 따라 각각 다르다. 그러나 친절은 어느 나라나 마찬가지이다.

당신은 그 나라의 말을 할 수 있을지도 모르겠으나, 어느 나라에서나 공통된 언어는 친절이다. 그것은 출입구에서 당신보다 먼저 상대방을 지나가게 하는 것이며, 그들이 떨어뜨린 물건을 주워주는 것이며, 전차나 도로에서 사람들을 도와주는 것이다.

결코 남을 나무라지 말 것, 결코 남을 강제하지 말 것, 알지 못하는 사람을 이상한 눈으로 보지 말 것, 이러한 것이 모두 친절의 표시이다. 친절을 베푸는 것은 인생에 있어서 당신의 목표를 달성하는 데 도움이 된다. 많은 친구를 사귀려면 친절을 베푸는 기술을 배워 익혀야 한다. 왜냐 하면 그것은 인생의 삭막함을 부드럽게 하는 윤활유이기 때문이다.

예의 범절은 나라에 따라 각각 다르다. 그러나 친절은 어느 나라나 마찬가지이다.

▶ 실천 사항:

4. 자신에게 관심을 기울여라

"누군가가 관심을 기울여주었습니다!"

이 말은 봅 뉴컴이 필자에게 한 말이다.

그의 회사는 얼마 전까지 품질이 좋지 못한 상품을 만드는 회사라는 평판이 자자했었다. 그런 미국의 노동자를 부려서 단시일에 제일급으로 손꼽히는 품질의 상품을 만들어냄으로써 쟁쟁한 경쟁자를 앞지를 수 있게 된 비결이 무엇이냐고 물었을 때, 그가 필자에게 최초에도 한 말이었다.

"당신은 테이프 레코더업계에서는 훨씬 뒤늦게 시작한 메이커가 아닙니까?"

라고 필자는 그의 질서 정연한 헐리우드 공장에서 그에게 물었다.

"그리고 당신은 단 두 개의 모델만으로 다른 테이프 레코더 메이커의 선망의 표적이 되었고, 테이프 레코더 팬들의 꿈이 되고 있습니다. 대체 어떤 방법으로 그렇게 되었습니까?"

이에 대한 뉴컴의 대답은,

▶ 자기 암시:

"누군가가 관심을 기울여 주었습니다!"

"관심을 기울였다니, 도대체 무슨 말입니까?"

"관심을 보여 준 것은 바로 나였습니다."

라고 그는 말문을 열기 시작했다.

"나는 완전한 물건을 만들려고 노렸했습니다. 나는 레코더에 관한 내 아이디어를 실물 크기의 모형으로 만들었습니다. 전문가만이 사용하는 모델에 붙어 있는 것과 같은 십인치 반의 스플이 붙은 것 말입니다. 나는 내가 직접 만든 것을 몇 사람의 테이프 데코더 팬들에게 보내어, 그것을 사용해 본 다음 평가를 부탁했습니다. 그들은 내 부탁에 기쁘게 응해 주었습니다. 그들은 내가 그들의 욕구를 배려하고 있음을 인정하여 주었습니다. 그리고 많은 실제적인 어드바이스를 보내왔습니다. 이 실질적인 테스트를 길잡이로 하여 나는 사용자의 욕구에도 답하고, 시장에 출시되고 있는 상품의 비판도 극복한 레코더를 만들었습니다. 나는 내 꿈을 또 한 번 고쳐 만들었습니다. 그리고 나는 몇몇 세트를 테스트하기 위해 소매점에 보냈습니다. 정직하게 말씀 드리자면 조마조마하게 생각하면서 보냈던 것입니다. 왜냐 하면 그 때까지 내가 자부하던 것은 학교용의 시청각 교재였기 때문입니다. 그러나 소매점에서는 나의 세트를 환영하여 주었으며, 그것을 더욱 개선하기 위한 조언까지

나는 내가 직접 만든 것을 몇 사람의 테이프 데코더 팬들에게 보내어, 그것을 사용해 본 다음 평가를 부탁했습니다.

▶ 실천 사항:

해 주었습니다. 일반에게도 팔기 위해 약간의 세트가 시장에 나갔습니다. 누구나가 나의 꿈을 인정해 주었습니다. 그러나 같은 방법으로 만들 것, 즉 손으로 만든 품질을 생산 라인에 그대로 연결할 것을 요구했습니다. 나는 우리 회사 공원들한테 갔습니다. 나는 고급 세트를 만들고 싶다는 사실을 말했습니다. 과연 그들은 나를 도와주었겠습니까? 그들은 돕겠다고 약속하여 주었습니다. 그리고 그것을 이행하였습니다. 그들은 현재 한 개의 나사, 전선 하나에 이르기까지 주의를 기울여 좋은 품질로 나를 백업해 주었습니다. 사실 노동자들은 누구나가 스스로 품질 관리자가 되고 있었습니다. 그것은 각자가 그들의 숙련된 솜씨에 누군가가 관심을 기울이고 있는 것을 알고 있었기 때문이었습니다."

봅 뉴컴의 관심을 두는 시스템은 실제로 성과를 올렸던 것이다. 필자는 그들을 잘 알고 있다. 필자는 뉴컴과 아는 사이가 되기 훨씬 이전에 그 세트를 샀지만, 그의 숙달된 솜씨에 제품을 보았을 때에 이 남자를 만나보고 싶었다. 필자가 아니라도 그가 출품하고 있는 전시회에 나온 소매점 경영자나 고객은 항상 자기의 기계 곁에서 있는 관심을 기울이는 것을 자랑으로 하고 있는 이 남자를 보면 그렇게 생각할 것이다.

그러면 여기서 관심이 얼마나 크나큰 작용을 하는지

그의 숙달된 솜씨에 제품을 보았을 때에 이 남자를 만나보고 싶었다.

▶ 자기 암시:

몇 가지 예로써 살펴보자.

1) 웨스팅 하우스의 실험

언젠가 웨스팅 하우스 회사의 호슨 공장에서 어떤 테스트를 하게 되었다. 공장의 조명을 밝게 한 것이다. 이로써 작업은 개선되었다. 작업의 질도 향상되었다. 경영진에서는 그 다음 실험으로 조명을 좀더 밝게 함으로써 보다 더 개선할 수 있는지 어떤지의 여부를 검토하기로 했다. 결과는 예측대로였다. 그 다음에 한 사람이 다른 아이디어를 내놓았다. 그것은 조명을 어둡게 하는 것이었지만 이상하게도 이 경우 역시 작업을 질이 향상됐다. 경영진은 갈피를 잡지 못했다. 그들은 왜 이런 일이 계속 일어났는지 이해할 수 없었다. 그 까닭은, 그들은 작업의 질을 향상시킨 것은 작업장의 조명을 밝게 함으로써 물건을 더 잘 볼 수 있었던 탓이라고 예상하고 있었기 때문이다. 그런데 조명을 어둡게 했는 데도 작업의 질은 역시 향상된 것이다. 어느날 '사려 깊은' 타이프의 어느 기민한 감독이 어째서 작업장의 조명을 밝게 하거나 어둡게 해도 구별이 없이 생산성이 개선되었는가 하는 원인을 발견했다. 그 발견은 한 가지 사실을 입증하고 있었는데, 그것은 노동자란,

'그 누군가가 자기들에 대하여 관심을 가울여 주고

▶ 실천 사항:

조명을 어둡게
했는 데도
작업의 질은 역시
향상된 것이다.

있다.'

라는 사실을 알게 되면 조명의 강약 등에는 관계 없이 아무 때라도 좋은 반응을 나타낸다는 사실이었다.

2) 보험 회사도 관심을 기울인다

하트포드 생명보험회사에서는 어린이들이 가끔 화재로 사망하는 것에 관심을 기울였다. 어린이들은 부모나 학교 교사들의 주의에 방심하는 수가 많다. 어느 때 이 회사에서는 어린이 그루프에게 소방관 모자를 나누어 주었다.

"이것으로 너는 소방관이 된 거야. 그러니까 불조심에 협조해야 해요."

라고 부모나 교사가 말했다. 어린이들은 소방관 놀이가 마음에 들었다. 그들은 부모나 교사들이 화재의 위험을 연극과 같은 방법으로 가르쳐 줌으로써 그들의 안전에 관심을 기울인다는 사실을 알았다. 이 계획이 실시된 지역에서는 어린이와 관련된 화재가 현저하게 감소된 모양이다. 생명보험회사는 관심을 기울여 그것을 실행했던 것이다.

3) '취급 주의' 소포

'취급 주의'라고 써서 온 세계에 발송되는 소포는 우

▶ 자기 암시:

리에게 친구를 만들어 준다. 왜냐 하면 그 소포를 받는 사람은,

"나에게 마음을 써 주고 있다."

라고 생각하기 때문이다. 당신은 마음을 쓰고 있다는 사실을 나타냄으로써 늘 상대방의 마음을 붙잡을 수 있을 것이다. 소매점에 전화를 하는 것은 당신이 그의 이익에 마음을 쓰고 있다는 것을 나타내고 있다. 병으로 앓고 있는 친구를 문병하는 것은 당신이 마음을 쓰고 있다는 것을 나타내고 있다. 사람들에게 편지나 초대장을 보내는 것도 당신이 그들에게 마음을 쓰고 있다는 것을 나타내고 있다. 당신이 사는 고장에서 지도자로서 성공하고 있는 사람들은 누구나 마음을 스고 있음을 나타내는 사람들이다.

"가까운 곳을 다스려 멀리 미치게 한다."

라는 말은 동양 정치가가 마음을 개조하려 할 때, 신조로 하고 있는 말이었다. 이를테면 새로운 도시 계획에 있다면 그것이 그들을 살기 좋게 하느냐 어떠냐를 그 고장 주민들에게 들어본다. 만일 답이 부정적인 것이라면 그 새로운 거리의 주변에 사는 사람들이 찬동할 때까지 그 계획은 중지된다. 이와 같은 '마음을 쓰는' 태도가 시민의 자부심을 만드는 것이다.

친구를 사귀고 싶다면 그들에게 관심을 보여야 한다.

▶ 실천 사항:

당신은 마음을 쓰고 있다는 사실을 나타냄으로써 늘 상대방의 마음을 붙잡을 수 있을 것이다.

그들이 여행 중이라면, 그 여행이 어떠 했는지를 물어 보기 위해 전화를 걸어라. 그들이 병으로 앓고 있다면 문병을 하라. 신문에 이름이 실리면 전화를 걸어 그 기사를 읽었다는 것을 알려라. 당신의 주위 사람들에게 관심을 보여야 한다. 그들이 하고 있는 일을 '누군가가 관심을 쏟고 있다'고 깨닫게 하는 것이다.

당신의 '취급 주의'의 소포에 마음을 써야 한다.

4) 롱 플래처의 이야기

롱 플래처는 환자에게 관심을 기울였다. 그는 병원에서는 환자가 편안하도록 침대의 한 쪽을 높이거나 낮출 수 있는데, 요양을 하려고 집에 돌아가보면 집에 있는 보통 침대는 병원용 침대와 같이 자유롭지 않다는 사실을 깨달았다. 그래서 플래처는 보턴을 누르는 것만으로 한쪽 끝을 높이거나 낮출 수 있는 침대를 발명했다.

그는 '마음을 썼던' 것이다. 텍사스의 댈라스에서 현재 그는 자기들의 안락에 마음을 써 준 것을 알고 있는 많은 사람들의 미지의 친구가 되고 있다. 환자가 아닌 사람들도 잠잘 때 머리 쪽을 높이거나, 편안한 자세로 책을 읽거나, 텔레비전을 보기 위해 플래처의 침대를 사용하고 있다.

플래처는 현재 사람들에게 관심을 보임으로써 사람

▶ 자기 암시:

들의 요구에 봉사하는 사업을 훌륭히 경영하고 있다. 그리고 그는 만일 사람들에게 마음을 쓰면 재산을 만들 수 있다는 것을 실증하였다. 사람들에게 그들의 골프에, 그들의 파티에, 그들의 피크닉에, 그들의 걱정거리에 관심을 가짐으로써 당신도 역시 많은 친구를, 그리고 부를 만들 수 있는 것이다.

사람의 마음, 특히 보통 사람들의 마음을 붙잡는 테스트가 끝난 확실한 방법은, 당신이 관심을 기울이고 있음을 보이는 일이다. 당신이 마음을 쓰면 상대방도 마음을 쓸 것이다.

그는 만일
사람들에게
마음을 쓰면
재산을 만들 수
있다는 것을
실증하였다.

▶ 실천 사항:

자기 경영을 위한 자기 점검

년   월   일

메　모
년　월　일

카네기 인생론

삶에 대한 모든 물음은 우리 스스로 체득할 수밖에 없을 것이다.

삶에 대한 어떤 설명도 우리 자신의 삶에 지침이 되기에는 어렵기 때문이다.

이 책은 막연한 설명이 아니라 구체적인 제시를 한다.

우리가 어디에서나 부딪히는 삶의 현장에서 함께 이야기하고자 하기 때문이다.

카네기 자서전

노동자들은 온정에 보답하려는 깨끗한 마음을 갖고 있다. 적어도 진실로써 다른 사람을 대하고 어떤 문제가 발생했을 때 성의를 다해서 전력한다면 그들이 사용자에게 어떻게 대할 것인가 하는 염려 같은 것은 전혀 할 필요가 없다. 그러므로 덕은 외롭지 않다. 덕을 베풀면 반드시 그에 대한 결과가 있기 때문이다. 그리고 사업에 성공할 수 있는 가장 큰 원인은 완전한 계산을 통하여 금전과 자재 등의 책임을 충분히 인식시키는데 있다.

카네기 출세론

이 세상을 살면서 주어진 삶에 충실하다는 것은 모든 이들의 소망이다.

그리고 가능한 모든 일을 이루어 낸다는 것은 유능한 사람들의 의무이다.

이 책은 유능한 사람들이 나아가야 할 바를 참으로 절실하게 제시해 주고 있다.

또 유능해지고자 하는 모든 이들의 삶을 위하여 봉사하고자 하고 있다.

신념의 마력

인간은 마음 먹기에 따라서 세상의 모습을 바꾸어 놓을 수 있다.

인간이 지닌 많은 힘 가운데 가장 큰 힘이 마음의 힘인 것이다.

신념은 일상생활을 통하여 우리의 이상을 그려낼 수 있는 강한 추진력이다.

이 추진력을 바탕으로 우리는 우리의 생활을 삶을 뜻대로 이루어 갈 수 있는 것이다.

카네기 지도론

참다운 지도는 함께 나아가는 것이다. 무엇을 제시하거나 지시하기 전에 피지도자가 무엇을 하고자 하는가, 무엇을 할 수 있는가를 알아서 그것을 이끌어주고, 또 그것이 이루어지도록 함께 노력하는 것이다.

이 책은 무엇이 참다운 지도인가를, 즉 어떻게 함께 나아갈 것인가를 그려내 보여주고 있다.

정상에서 만납시다

미국의 유명한 저술가이며 자기개발 성공학의 권위자인 지그지글라가 진정한 성공에 다다를 수 있는 가장 빠른 방법을 제시하고 있다.

29년에 걸친 판매 경험과 인간개발 경험을 살려 각계 각층에서 활약하고 있는 최고 전문가들의 성공철학을 파악, 여섯 단계로 그 비결을 밝혔다.

카네기 대화술

올바른 언어의 선택은 의사소통을 보다 원활하게 한다. 훌륭한 대화는 인간행위의 가장 승화된 형태라고 할 것이다.

이 책은 청중을 향하여 효과적으로 이야기하는 방법이 제시되어 있으며, 화술 훈련에 임하면서 경험한 실례를 중심으로 쓰여졌다.

현재를 출발점으로 당신은 효과적인 화술 방법을 통해 자신의 무한한 능력을 깨닫게 될 것이다.

머피의 마음만 먹으면 당신도 부자가 된다

당신이 만약 풍족하지 않다면 행복하고 만족한 생활을 결코 영위할 수 없을 것이다. 여기에 풍족한 삶을 누리기 위한 과학적인 방법이 있다. 당신이 성공과 행복과 번영이라는 달콤한 과일을 얻고 싶다면, 이 책에서 이야기하는 것을 정확하게 되풀이해 배우라. 그러면 당신의 앞날을 보다 아름답고, 보다 행복하고, 보다 풍족하고, 보다 고귀하고, 보다 웅장하고 큰 규모로 펼쳐질 것이다.

카네기 처세론

최고의 처세라는 것은 우선 최선의 목표를 정하고 그 성취에 이르는 길을 갈고 닦는 것이다. 거기에다 자기를 세우고, 삶을 키워내고, 세상을 이끌어 갈 수 있는 힘을 닦는 것이다.

이 책은 거기에 있는 불후불굴의 조언을 새겨주고 있다.

머피의 잠자면서 성공한다

머피의 이론을 바탕으로 하면 자기가 바라는 바 지위나 돈을 어떻게 얻을 것인가, 또는 우호적인 인간관계를 어떻게 실현할 것인가를 터득할 수 있다. 따라서 이 책에 명시된 대로 따르기만 하면 당신은 인생 전반에 걸쳐 기적적인 효과를 얻을 수 있다.

머피의 인생을 마음대로 바꾼다

이 책 속에는 당신의 인생을 변하게 하는 마법과도 같은 방법이 제시되어 있다. 다시 말해 기적이라고 할 만한 이야기들이 가득 차 있다. 당신의 마음속에 내재되어 있는 마법과도 같은 잠재의식을 어떻게 사용해야만 당신이 인생에서 성공할 수 있는지 흥미진진한 실례들을 통해 상세하게 알려주고 있다.

머피의 승리의 길은 열린다

당신은 이 책에서, '인생은 마음먹기에 따라 달라진다'는 평범한 진리가 당신의 인생에 있어서 얼마나 중요한가를 실감하게 될 것이다. 이 책에 제시된 인생의 법칙을 읽고 그것을 당신의 인생에 응용하면, 당신은 당신의 인생을 건강하고 즐겁게, 그리고 유익하고 성공적으로 가꿀 수 있는 힘을 얻게 될 것이다.

머피의 인생에 기적을 일으킨다

마음의 힘에 관해서는 많은 책 속에 여러 가지로 쓰여 있으나, 이 책에서는 당신의 모든 생활을 변환하기 위하여 이 힘을 어떻게 이용할 것인가, 건설적이며 성공할 수 있는 사고방식, 그리고 자신의 생활을 보다 풍족히 할 수 있는 방법 등을 기록했다.

머피의 100가지 성공법칙

인생에서 성공한 사람들을 보면 하나같이 이 잠재의식의 법칙을 실천했던 사람들이다. 만일 당신이 지금 충분히 행복하지 않고, 충분히 부유하지 않으면, 충분히 성공하지 못했다면 그것은 당신이 잠재의식을 충분히 이용하지 못하기 때문이다. 이 책에는 당신이 가고자 하는 성공의 길, 부자가 되는 길, 인생을 한껏 즐길 수 있는 기술이 감추어져 있다.

오늘 같은 내일은 없다

동화 속 샘처럼 맑은 영혼을 가진 헤세가 열에 들뜬 내 눈동자에 가까이다가와 옛 노래의 추억을 속삭여 줍니다.
가장 달콤하고 이상적인 충고, 세월이 흐른 지금도 그의 이야기는 멋진 동화책처럼 우리들 앞에 펼쳐져 생생하게 될살아납니다.

오사카 상인의 지독한 돈벌기 76가지 방법

오사카 상인의 13대 후손이며 미쓰비시 은행의 상무를 역임한 저자가 오늘날 일본 경제를 일군 오사카 상인들의 정신을 분석 수록했다. 무일푼으로 출발하여 그들만의 돈벌이 노하우와 끈질긴 생존능력, 아이디어를 바탕으로 세계적으로 유명한 유태상인과 어깨를 겨룰만큼 성장한 오사카 상인들의 경영 비법을 바탕으로 부와 성공을 이룰 수 있는 방법이 자세히 제시되어 있다.

중국 상인의 성공하는 기질 74가지

미국, 일본의 뒤를 이어 세계 3대 경제대국으로 뛰어오른 중국의 숨은 잠재력, 서서히 일본의 경제를 위협하는 존재로까지 급부상한 그들에게 끈질긴 생명력과 강력한 경제력을 지닌 화교 사회는 중국 대륙의 비밀 병기였다.

그들이 성공하기까지 철저히 지켜지는 상인 정신의 기본 자세를 배워 현재의 어려움을 극복하는 지혜를 배운다.

유태상인의 지독한 돈벌기 74가지 방법

유태인들은 화교와 함께 세계 제일의 상인으로 손꼽히고 있다.
그것은 2천 년 동안 국가도 없이 흩어져 살면서 수없이 쏟아지는 박해와 압박을 견디며 일군 끈질긴 민족성의 승리였다. 그들은 열악한 환경 속에서도 자신들만의 독특한 상술을 발휘하여 오늘날 세계 경제를 좌지우지하는 지위에까지 오르게 된 것이다.

임어당의 웃음

우리의 심리적 소질 가운데는 진보와 개혁을 저해하는 어떤 요소가 존재하고 있다. 즉 모든 이상을 웃어넘기고 죄악 그 자체조차 인생의 필요한 부분으로 미소로서 바라보는 유머임을 발견한다.
중국인의 특성의 장점과 단점이 흥미진진한 소재와 감동적인 문체로 전해지는 임어당 문학의 진수!

인디언 우화

동물과 인간의 구분도 없고 생물과 무생물도 구별 할 줄 모르는 그래서 어쩌면 첨단을 달리는 현대과학의 분위기와 맞을 그대로 간직한 채 우주 속에서 살았던 북아메리카 인디언들의 이야기들은 오늘날 잊혀져버린 인간의식의 고향을 찾을 수 있는 오솔길이 될 것이다.

주역 김승호 ●대하소설

1권/연진인의 천명재판

세상과는 멀리 떨어진 깊은 산, 범상한 신통력과 전생을 간직한 사람들의 마을, 지존한 신선들의 은밀한 행보는 지상으로 향하고, 정마을은 상상조차 할 수 없었던 기이한 사건의 소용돌이 속으로 휘말려 드는데……. 연이은 긴박한 사건 속에 속세에서 폭력에 맞섰던 한 사나이가 정마을로 숨어든다.

2권/평허선공, 염라전에 들다

정마을 촌장의 기이한 행적으로 인한 의문은 쌓여만 가고, 건영이의 신비한 힘이 주역을 통해서 서서히 드러난다. 이 때 천계에서는 우주의 이상현상에 대한 답을 구하기 위해 특사가 파견되지만 요녀들의 방해로 죽임을 당해 뜻을 이루지 못한다. 한편 정마을을 떠난 촌장 풍곡선은 천계에서 심문을 받고 …….

3권/종잡을 수 없는 천지의 운행

천계에서 서선 연행이었던 전생의 기억을 회복한 남씨는 숙영이 어머니와의 이루지 못한 슬픈 사랑에 가슴 아파한다. 우주의 이상현상의 하나로 나타난 혼마 강리는 정마을 사람들을 위협하고, 천계의 대선관 소지선은 평허선공을 피해 하계로 숨어 버린다.

4권/단정궁의 중요 회의

우주의 혼란을 바로잡을 방법을 구하기 위해 단정궁에 파견된 특사는 아리따운 총관 본유의 유혹에 넘어가 정력을 소진한 채 자멸하고 만다. 한편 지상에 나타난 혼마 강리는 땅벌파에게 무술을 가르쳐 세상을 지배하려 한다. 그러나 풍곡선의 부탁을 받아 그를 뒤쫓던 검의 명수 좌설과 일전을 치르는데 …….

5권/선혈로 물든 인연의 늪

정마을 주변에서는 또 한번의 기이한 일이 발생한다. 빗자루를 든 괴노인이 나타나 닥치는 대로 사람을 죽이고 서울로 향하는 인규를 위협한다. 정마을이 지원하는 조합장측과 혼마 강리가 지원하는 땅벌파 간의 오랜 이권 다툼 끝에 드디어 협상이 이루어져 새로운 전기가 마련된다. 천계에서는 동화궁과 남선부 간에 전쟁이 일어나 아수라장이 되어 버린다.

6권/옥황부의 긴급 사태

건영이는 하루가 다르게 도를 깨우치고 혼마 강리도 극강의 힘을 얻기 위해 땅벌파를 동원해 여체를 찾아 나선다. 그들은 드디어 무척 날쌔며 힘이 장사인 미친 여자를 만난다. 그러나 혼마는 뒤쫓던 좌설과 능인의 일격을 당해 중상을 입는다. 이 결투로 능인도 목숨을 잃을 위기를 당하지만 때마침 천계에서 건영이를 만나러 내려온 염라대왕의 도움으로 살아난다.

7권/여인의 숭고한 질투

빗자루 괴인은 마침내 정마을로 쳐들어오고 이를 미리 알아챈 건영이는 마을 사람들을 산으로 대피시킨다. 건영이는 염파를 보내 괴인을 자신에게로 이끌어 전생에 역성 정우였음을 밝히며 주역에 대해 문답을 나누어 위기를 넘긴다. 한숨 돌린 건영이는 또다시 천계에서 내려온 염라대왕을 만나 우주의 이변에 대해 상세히 진단을 내려준다.

8권/기습당한 옥황상제

좌설과의 결투로 중상을 당한 혼마 강리는 거지 무덕의 덕으로 목숨을 구했을 뿐만 아니라 극강의 힘을 향해 치달렸다. 이에 강리는 조합장측에 도움을 주고 있는 정마을의 위치를 알아내 단번에 섬멸해 버리기 위해 땅벌파들을 지방으로 내려 보낸다. 한편 정마을의 남씨는 전생에 천계에서 친구였던 수지선의 방문을 받는다.

9권/다가오는 정마을의 위기

풍곡선은 평허선공의 추적을 뿌리치기 위해 옥황부의 특사가 되어 요녀들이 들끓는 단정궁으로 향한다. 평허선공은 염라전에 나타나 염라대왕과 일전을 벌이는데 ……. 지상의 혼마 강리는 드디어 무덕의 신통력으로 극강의 힘을 얻고 정마을을 정복하기 위해 땅벌파와 함께 춘천으로 떠난다.

10권/슬픈 운명

정마을로 침투하려던 강리 앞에 수지선이 나타나 결투를 벌인다. 극강의 힘을 발출하며 강물 위에서까지 혈투를 벌인 끝에 강리가 생을 마감하여 바람처럼 사라져 버린다. 한편 천계에서는 평허선공의 사주를 받은 동화궁의 선인들이 옥황부로 쳐들어가고, 살상은 계속되었다. 지상과 천계의 이변을 수습할 방법은 없는 것일까? 그리고 단정궁으로 떠난 풍곡선의 운명은 …….

선영사

Sun Young Publishing Co.

선영사
Sun Young Publishing Co.